Meinen Eltern

Bibliothèque nationale de Luxembourg – CIP Einheitsaufnahme
EINLADUNGEN – Frühjahr · Sommer – Brigitte von Boch
OvB Publishing, Luxembourg 1999
ISBN 2-919918-02-8

BRIGITTE von BOCH

EINLADUNGEN

Frühjahr · Sommer

Photographie: Martin Wolf
Photostyling: Franz-Joseph Wein

ZWEI BÜCHER

Einladungen zu geben und Gäste in unserem Haus zu empfangen, ist mir eine besondere Freude und immer wieder eine große Herausforderung, durch deren Bewältigung ich in all den Jahren sehr viel Erfahrungen gesammelt habe. Dank der liebevollen Ermunterung von Freunden und meiner Familie habe ich mich an dieses Buch gewagt. Das Thema ist so vielseitig, daß aus einem Buch zwei wurden.

Zu meinem ersten Buch 'Weihnachten' habe ich so viele schöne Briefe erhalten, in denen mich die Leser ermuntert haben, Bücher über weitere Themen zu schreiben. Für all die liebevollen Zeilen, die selbstgebastelten Karten, die Zeichnungen und die Photos von Dekorationen, Häusern und Gärten möchte ich mich nochmals ganz herzlich bedanken.

Aus den Briefen geht hervor, daß ein besonders großes Interesse an den Themen Einladen, Dekorieren, Feiern und Schenken vorhanden ist. Traditionen und Bräuche gehen in der Hektik des modernen Lebens oft verloren. Deshalb fehlt manchmal der Bezug, die traditionellen Feste so zu arrangieren und zu feiern, daß sie innerhalb der verschiedenen Jahreszeiten einen besonderen Platz einnehmen.

Für mich ist es immer wieder eine Freude, die kleinen und großen Feste drinnen und draußen zu einem besonderen Ereignis werden zu lassen. Ich hoffe, daß ich Ihnen mit diesem Buch einige nützliche Anregungen und praktische Ideen für Ihre persönliche Einladung geben kann. Da das Jahr so viele Anlässe zu Einladungen bietet, beschäftigt sich der Herbst-Winterband mit den Festen in der zweiten Hälfte des Jahres und mit den Themen Essen, Wein, Musik, Reden, Konversation, Gastgeschenke und Dankesbriefe.

Mein ganz besonderer Dank für das Gelingen dieses Buches gilt meinem engagierten Team: Franz-Josef Wein für seine Freude an dem Projekt sowie die kreative und freundschaftliche Zusammenarbeit, Martin Wolf für die wunderbaren Photos, Dorothy für die unverzichtbare logistische Unterstützung und ihre Engelsgeduld, Hans für seinen grünen Daumen, Herrn Büdinger für die Archivbilder, Ute Sonnen für ihre exzellente Recherche, Wolfgang Pester für die grünen Requisiten sowie Petra Hüttermann für ihren großen Einsatz, Helena Grenz für ihre liebevolle Arbeit im Garten, Andreas Hoyer, Willy Walinsky, Walburga Reuter, Tobi, Egon Hussong, Peter Burg, Klaus Massem, Ellen Schmidt, Lena, Dina, meinem Mann Wendelin, Oliver, Franziskus, Johanna und Sophie.

DIE EINLADUNGSVORBEREITUNGEN

Eine Einladung zu geben bedarf einer umsichtigen Vorausplanung, von der der Erfolg Ihres Mittagessens, Abendessens oder Ihres Festes abhängt. In der folgenden Übersicht finden Sie einige Fragen, die Sie bei der Organisation stellen sollten. Fertigen Sie sich darüber eine Liste an, in der Sie die erledigten Punkte abhaken können.

Der Anlass

Warum lade ich ein?

Wen lade ich ein?

Wann wird eingeladen?

Wohin wird eingeladen?

Welche Speisen und Getränke serviere ich?

Wie dekoriere ich?

Welche Musik?

Wie beleuchte ich?

Welche Kleidung wird gewünscht?

Die Gäste

Wieviele Personen?

Wer paßt zu wem?

Die Einladung

Einladungskarten selber schreiben oder drucken lassen?

Habe ich alle Informationen, die benötigt werden, auf der Karte vermerkt: Einladender, Eingeladene, Anlaß, Tag, Uhrzeit, Adresse, Telephonnummer, U.A.w.g., Kleidung, eventuell Anfahrtsskizze und Liste von Hotels?

Wann muß die Einladung abgeschickt werden?

Das Menü

Die richtige Zusammenstellung von Speisen und Getränken?

Brauche ich Personal oder einen Caterer?

Habe ich eine Einkaufsliste angefertigt?

Muß vorgekocht werden?

Habe ich genügend Stühle, Geschirr, Gläser, Besteck, Servietten und Platz am Tisch?

Schreibe oder drucke ich Menükarten?

In welchen Räumen wird empfangen, gegessen und wo wird der Kaffee genommen?

Die Dekoration

Wie will ich dekorieren?

Dekoriere ich selbst oder arbeite ich mit einem Floristen?

Wieviele Kerzen brauche ich insgesamt?

Welche Blumen passen zu dem Anlaß?

Verwende ich andere Dekorationselemente?

Die Tischordnung

Brauche ich ein Placement?

Schreibe ich Tischkarten?

Die letzten Vorbereitungen

Sind alle Räume vorbereitet?

Habe ich genügend Hänger für die Mäntel?

Sind die Kerzen angezündet?

Habe ich den Aperitif vorbereitet?

Lasse ich Hintergrundmusik spielen?

Habe ich Vasen für Blumen, die von Gästen geschenkt werden?

Habe ich noch genug Zeit, mich zu entspannen, bevor es losgeht?

DIE EINLADUNG

Einladungen zu geben, ist für mich die schönste Nebensache der Welt. Gäste ins Haus zu bitten und ihnen einen unvergeßlichen Abend zu gestalten, bereitet mir nicht nur zu großen Anlässen eine unvergleichliche Freude. Dabei ist der Tisch für mich der kommunikative Mittelpunkt, hier werden Freundschaften geschlossen, Gedanken und Ideen ausgetauscht, diskutiert und gelacht.

Tauffeier mit Edmund und René von Boch im Jahre 1905 im Kreuzgang der alten Abtei in Mettlach

Wichtigster Bestandteil eines gelungenen Abends, Mittagessens oder Festes, ist die Planung, die unter anderem die Auswahl der Gäste, die Einladung, das Essen, den Wein und die Dekoration umfasst.

Die Geschichte

Die Geschichte des gemeinsamen Essens hat ihren Anfang in der Frühzeit, als unsere Vorfahren an gemeinsamen Feuerstellen zusammenkamen, um die erlegte Beute zuzubereiten und miteinander zu teilen. Bald ging es um mehr als Nahrungsaufnahme: Das Essen bekam den Stellenwert einer Gemeinschaftsbekundung, bei Festessen wurden gesellschaftliche Bande geknüpft, Verträge wurden beim Friedensmahl besiegelt.

In der Renaissance wird das dekorative Element der Einladung auf die Spitze getrieben. Egon Friedell berichtet von einem berühmten Gastmahl des Florentiners Benedetto Salutati im Jahre 1476 in Neapel: „Zuerst gab es als Vorspeise für jeden Gast eine kleine Schüssel mit vergoldeten Kuchen aus Pinienkernen und einen Majolikatopf mit einem Milchgericht; dann Gelantine von Kapaunenbrust, mit Wappen und Devisen verziert: Die Schüssel des vornehmsten Gastes hatte in der Mitte eine Fontäne, die einen Regen von Orangenwasser sprühte. Dann kamen verschiedene Fleischgattungen: Wild, Kalb, Hühner, Schinken, Fasane, Rebhühner, dazu brachte man ein großes silbernes Becken, aus dem, als man den Deckel hob, zahlreiche kleine Vögel aufflogen, und täuschend gemachte künstliche Pfauen, die das Rad schlugen und brennendes wohlriechendes Räucherwerk im Schnabel trugen. Der Nachtisch bestand in allerlei Süßspeisen: Torten, Marzipanen, leichtem zierlichen Backwerk, das Getränk in italienischen und sizilianischen Weinen, und zwischen je zwei Gängen lag eine Liste der fünfzehn Gattungen. Am Ende des Mahles wurde jedem parfümiertes Wasser zum Händewaschen gereicht und ein großer Berg aus grünen Zweigen aufgestellt, die mit kostbaren Essenzen imprägniert waren und ihren Duft durch den ganzen Saal verbreiteten."

Von den ersten Schauessen an Fürstenhöfen wird im 16. Jahrhundert berichtet: Zur Unterhaltung der Gäste, aber auch, um dem Volk Macht und Reichtum zu demonstrieren, wurden zwischen den Gängen der Menüfolge auf den Tafeln beeindruckende dekorative Aufbauten zur Schau gestellt. Mit diesen, bestehend aus Zuckermasse, Leinen, Stroh, Holz und Wachs, wurden etwa biblische Geschichten erzählt, die thematisch zum Anlaß paßten.

Eugen und Octavie von Boch mit Kindern und Enkelkindern, vor der Abtei

Einladungen zum Essen wurden schon zu der Zeit des Sonnenkönigs Louis XIV. mit vollkommen verschiedenen Hintergedanken gegeben. Dieser lud entweder zum 'grand couvert', bei dem es erlaubt war, dem König bei dem öffentlichen Verzehren seiner Speisen zuzuschauen, oder zum 'petit couvert', das unter Ausschluß der Öffentlichkeit stattfand und dazu diente, persönliche Anliegen vorzubringen oder Verhandlungen zu führen.

Der Wiener Kongreß im Jahre 1814, der das Ende Napoleons besiegelte, diente nicht nur den diplomatischen Verhandlungen, sondern bot vor allen Dingen dem rekonstituierten Adel eine Chance, mit prachtvoll geschmückten Tischen und ausgefeilten Speisefolgen seine wiedergefundene Macht zu demonstrieren. Talleyrand und Metternich nutzten diese Kulisse gekonnt, um ihre politischen Ziele durchzusetzen.

George Auguste Escoffier, der um die Jahrhundertwende lebte, gilt als der Erfinder der modernen Tafel, die sich nur auf die nötigsten dekorativen Elemente beschränkt: Das Geschirr, das Besteck, die Gläser, die Blumen und schließlich das Essen selbst, das möglichst schlicht zubereitet sein sollte. Diese elegante Reduktion hat zwar vieles vereinfacht, aber sie hat auch den Zauber manch aufwendiger Dekorationen verbannt.

Die Imbißkultur, die das ausgehende 20. Jahrhundert kennzeichnet, ist der Spiegel einer Gesellschaft voller Individualität. Es gelingt ihr jedoch nicht, die Freude an der Kunst der Gastlichkeit zu verdrängen. Ein breites Bewußtsein für die abwechslungsreiche und ästhetisch ansprechende Zubereitung von Speisen sowie für phantasiereiche und liebevolle Dekorationen bringen zum Ausdruck, daß das gemeinsame Essen als soziales Ereignis nichts von seiner Bedeutung und Faszination verloren hat.

Die Gäste:

Für mich trägt entscheidend zum Gelingen einer Einladung die Zusammenstellung der Gästeliste bei. Das Feingefühl der Gastgeberin ist gefordert, sie sollte wissen, welche Gäste aufgrund ihrer Interessen harmonieren. Die geschickte Kombination von Menschen aus verschiedenen Bereichen der Gesellschaft ist dabei der Schlüssel zum Erfolg. Je größer der Kreis der Gäste, desto bunter kann die Mischung sein.

Die Unterscheidung zwischen familiären, freundschaftlichen und geschäftlichen Einladungen spielt eine wichtige Rolle bei der Selektion der Gäste. Zu einer familiären Einladung, wie der Taufe, können die besten Freunde gebeten werden, der Geschäftspartner wäre in diesem Rahmen jedoch fehl am Platz. Grundsätzlich liegt es im persönlichen Ermessen, wer zu welcher Einladung paßt.

Auch die Anzahl der Gäste richtet sich nach den eigenen Möglichkeiten, obwohl es hier Normen gibt, zum Beispiel entspricht sie bei Staatsbanketten immer einem Vielfachen der Zahl sechs.

Familienhochzeit 1911 in Luxemburg

Antoine d'Oncieu, Edmée von Boch, Paula Nothomb und Octavie Schorlemer-Villers beim Kindergeburtstag

Im mehr oder weniger privaten Rahmen gilt immer noch eine Gruppe von mindestens vier und höchstens zwölf Gästen als ideal, die entsprechenden Räumlichkeiten vorausgesetzt. Bei größeren Gruppen wird das gemeinsame Gespräch schwieriger, es können sich jedoch Einzelgespräche zwischen den Tischnachbarn entwickeln.

Auch wenn Sie nur einen kleinen Kreis von Gästen einladen, ist es sinnvoll, sich Gedanken über die Tischordnung zu machen. Ehepaare und Menschen, die im Alltag, zum Beispiel im Beruf, viel Zeit miteinander verbringen, sollten nicht nebeneinander sitzen. Die einzige Ausnahme bilden Verlobte. Abwechslung bietet eine Unterhaltung mit einem Tischpartner, den man selten sieht oder bei dieser Gelegenheit erst kennenlernt. Die Gastgeberin macht sich zwar Gedanken über eventuelle gemeinsame Interessen, dabei versucht sie jedoch neue Menschen zu kombinieren. Bei ausländischen Gästen ist es angebracht, zumindest auf eine Seite einen Tischnachbarn zu setzen, der in der Lage ist, sich mit ihm in einer gemeinsamen Sprache zu unterhalten.

René von Boch mit Kindern

Goldene Hochzeit von Eugen und Octavie von Boch am 03.05.1892, mit August von Cohausen, ein intimer Freund Eugen von Bochs, der 1871 den alten Turm in Mettlach restaurierte, sowie René von Boch, Alfred von Boch und Edmund von Boch mit ihren Frauen und Kindern

Damen und Herren sitzen im Wechsel. Die Dame auf der rechten Seite des Herren ist für diesen Abend die Tischdame. Gastgeberin und Gastgeber sitzen sich mit Blickkontaktgegenüber. Der Ehren- oder ranghöchste männliche Gast sitzt zur Linken der Hausfrau, dessen Frau oder der weibliche Ehrengast zur Rechten des Hausherrn. In dieser Folge ist die Sitzordnung der Gäste gestaffelt, gute Freunde und Familienmitglieder sitzen weiter entfernt von den Gastgebern. Gibt es mehrere Tische, kann an jedem Tisch einer der dem Haus Nahestehenden sitzen und so die Gastgeber in ihrer Funktion unterstützen.

Tischkarten weisen die Plätze aus. Um bei einem größeren Anlaß langes Suchen zu vermeiden, empfiehlt es sich, ein Placement am Eingang des Raumes anzubringen oder auszulegen.

Am Anfang oder am Ende des Abends können sich alle Gäste in ein Gästebuch eintragen, am besten mit einigen persönlichen Worten. Zur Erinnerung sollten Datum und Anlaß vom Gastgeber notiert werden. So wird über die Jahre die Geschichte der eigenen Einladungen dokumentiert.

Die Einladung

Jeder Anlaß, zu dem eingeladen wird, beansprucht eine unterschiedlich lange Vorbereitungszeit, die auch über den Zeitpunkt der Versendung der Einladung entscheidet. Eine Einladung zum Picknick kann am selben Tag ausgesprochen werden, bei einer Hochzeit wäre dies vollkommen undenkbar.

Nicht nur bei offiziellen oder ausgesprochen festlichen Anlässen, wie zum Beispiel Taufe, Hochzeit oder einem runden Geburtstag, wird schriftlich eingeladen. Besonders wenn mit der Einladung Vorbereitungen verbunden sind oder auf eine gewisse Gästekonstellation Wert gelegt wird, ist eine schriftliche Einladung angebracht. Ein gewisser Spielraum für das Verschicken der Einladungs- und Antwortkarten ist immer mit einzurechnen.

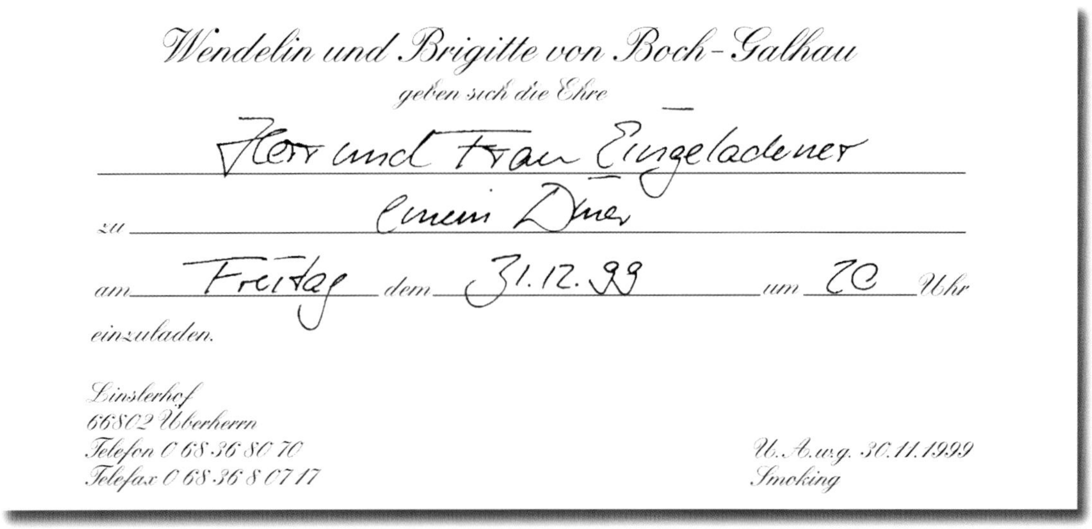

Wendelin und Brigitte von Boch-Galhau
geben sich die Ehre
Herr und Frau Eingeladener
zu einem Diner
am Freitag dem 31.12.99 um 20 Uhr
einzuladen.

Linslerhof
66802 Überherrn
Telefon 0 68 36 80 70
Telefax 0 68 36 8 07 17

U. A. w. g. 30.11.1999
Smoking

Eine Einladung kann handschriftlich auf einem schönen Papier mit einigen persönlichen Worten formuliert werden, oder es werden vorgedruckte Karten benutzt.

Theateraufführung im Billardzimmer der alten Abtei in Mettlach um 1895

Einladung zum Geburtstagsessen

Folgende Information sollten auf der Einladung vorzufinden sein: Wer lädt ein, aus welchem Anlaß, wann, wen und wohin, die Kleiderordnung sowie das Datum und die Anschrift für die Rückantwort. Hinter dem Kürzel U.A.w.g. – Um Antwort wird gebeten – oder r.s.v.p. – respondez s'il vous plaît – verbirgt sich das Datum, bis zu dem um Rückantwort gebeten wird. Eine Antwortkarte, mit der die Gäste mitteilen können, ob und mit wievielen Personen sie die Einladung annehmen, kann beigefügt werden.

Die Vorbereitung:

Bei einer Einladung nach Hause sind folgende Punkte zu überdenken: Wieviele Gäste finden am Tisch Platz, gibt es ausreichend Stühle oder müssen noch weitere Tische und Stühle organisiert werden? Das gleiche gilt für Geschirr, Besteck und Gläser. Menü- und Tischkarten, handgeschrieben oder gedruckt, sollten nach der Zusage der Gäste angefertigt werden. Das Placement wird am besten möglichst kurz vor der Einladung zusammengestellt, da in letzter Minute immer noch eine Absage kommen kann.

V.l.n.r. Adrian Reverchon, Alice von Boch, Leonie von Boch, Alfred von Boch, Edmund von Boch, Furcy Raynaud, Marie von Boch, René von Boch, Joseph Marquis d'Oncieu de Chaffardon, Lamoral Graf Villers, Elisabeth von Boch, Esther Raynaud, Eugen von Boch, Octavie von Boch, Marie von Boch, Luise Gräfin Villers

Welche Menüs nach Jahreszeiten und welche dazu passenden Weine werden ausgesucht? Einkaufslisten müssen angefertigt werden. Alkoholfreie Getränke, Tee und Kaffee dürfen nicht vergessen werden. Wie wird dekoriert? Was wird dazu benötigt? Werden Blumengestecke oder Sträuße nicht selbst arrangiert, ist es wichtig, dies rechtzeitig mit dem Blumenhändler zu besprechen.

Die Art und Stärke der Beleuchtung spielen eine Schlüsselrolle für die Atmosphäre Ihrer Einladung. Wenn Kerzen in der Dekoration verwendet werden, müssen diese ausreichend vorhanden sein.

Der alte Turm in Mettlach erbaut 989

Planen Sie den Ablauf der Einladung genau: Wo nimmt man den Drink vor dem Essen und wo den Kaffee hinterher? Ist keine Hilfe in der Küche oder im Service vorhanden, kann man sich Zeit und Stress sparen, indem man die Gläser für den Drink und die Tassen für den Kaffee auf je einem Tablett rechtzeitig vorbereitet.

Beachten Sie, daß alle Räume, in denen sich die Gäste aufhalten, entsprechend gerichtet sind. So ist es beispielsweise ratsam,

Ende des 19. Jhds. Photo anläßlich einer Familienfeier. Unter anderen: Edmée von Boch, Toni Reverchon, Baroness Oktavie Schorlemer-Villers, Marc Raynaud, Comte Antoine d'Oncieu de Chaffardon, Paula Nothomb, Magdaleine de St. Clair, Roger, Edmund und Luitwin von Boch

auf der Gästetoilette für genügend Gästetücher und Seife zu sorgen und ein schön duftendes Potpourri aufzustellen.

Um Hektik in der letzten Minute zu vermeiden, empfiehlt es sich, den Tisch bereits am Morgen der Einladung zu decken. So bleibt den Tag über genügend Zeit, sich mit Muße an letzte Änderungen in der Dekoration zu machen oder sich ganz der Zubereitung des Essens zu widmen.

Um bei der Ankunft der Gäste die Garderobe entgegennehmen zu können, sollten genügend Kleiderbügel vorhanden sein, damit später beim Verlassen des Hauses kein Durcheinander entsteht.

Kurz vor dem Beginn der Einladung ist es schön, wenn Zeit bleibt, sich einige Minuten der Entspannung zu gönnen, entweder in einem heißen Schaumbad, auf dem Bett bei schöner Musik oder auch mit einem Drink vor dem Kamin.

Auf der nächsten Seite: Photo eines Picknicks vor der Burg Montclair im Jahre 1889. Unter anderen: Eugen und Octavie von Boch, Edmund und René von Boch mit ihren Frauen und Kindern

1889

DIE TAUFE

Sie ist das erste Fest im Leben eines Menschen. Ich habe zu dieser sehr persönlichen Feier immer meine engsten Freunde und nahen Verwandten eingeladen. Meine Kinder wurden in einer kleinen Kapelle getauft, begleitet vom feierlichen Flötenspiel eines guten Freundes. Zu Hause habe ich den Tisch liebevoll mit zarten, hellen Blumen dekoriert, die die Unschuld des neugeborenen Lebens widerspiegelten.

Besonders gefreut hat es mich immer, wenn die Kinder der Freunde und Verwandten an den Tauffeiern teilgenommen haben und den Tag somit in ein Kinderfest verwandelten.

Von unseren Verwandten in Frankreich und Belgien habe ich den schönen Brauch übernommen, den Gästen bunte Mandeldragees als Glücksbringer zu schenken.

Ich habe für jedes meiner Kinder ein Taufalbum mit der Geburtsanzeige, den Bildern der Taufe und einer in eine rosa oder hellblaue Schleife eingebundene Haarlocke zusammengestellt. Auf der ersten Seite habe ich den Geburtstag und die Stunde, den Geburtsort und das Geburtsgewicht festgehalten. In den Umschlag des Albums ist der Name des Kindes eingeprägt.

Das deutsche Wort Taufe kommt vom gotischen 'daupjan', was 'eintauchen' bedeutete. Wie heute noch bei den Baptisten üblich, hat man die Täuflinge mit dem ganzen Körper ins Wasser getaucht.

Lange Zeit war der Name des Kindes bis zur Taufe ein Geheimnis, um es vor dem Teufel zu schützen. Im Rheinland wurde er überlistet, indem in der Zeit zwischen Geburt und Taufe alle Mädchen Bohnenblättchen und die Jungen Pfannenstielchen genannt wurden.

Die Krönung einer Wiege: Blütenkranz aus rosa Rosen und Schleierkraut

Tischkarte mit Initialen des Täuflings aus Schleierkraut

Früher erhielten die Kinder meist den Namen ihrer Großeltern oder Paten. In Italien wird das Kind noch heute oft nach dem Schutzheiligen des Tages benannt, an dem es geboren wird. Der Namenstag hat dort deshalb einen viel höheren Stellenwert als der Geburtstag.

Die Rolle der Paten ist in dem Mainzer Konzil von 813 zum ersten Mal erwähnt. Bis heute wählen die Eltern nahe Familienangehörige oder gute Freunde.

Lange glaubte man, daß sich die Eigenschaften des Paten auf das Kind übertragen. Die Bitte um die Übernahme einer Patenschaft, die kurz vor oder nach der Geburt ausgesprochen wird, gilt deshalb als große Ehrung. Unter anderem halten die Paten das Kind während der kirchlichen Zeremonie.

Ein klassisches Geschenk des Paten war der Tauftaler, der zusammen mit dem Patenbrief in das Taufkissen gesteckt wurde. Dort hinein legte die Patin auch ihre Glücksbringer: Kleine Sträußchen aus Palmkätzchen und Rosmarinzweigen. Auch die Taufkerze wird vom Paten geschenkt – sie gilt als Symbol des Lebens.

Maja

Ein Tauftisch in voller Bütenpracht: Topfrose, Anemone, Kamille, Flieder, Muscari, weißer Dill, Terzette und Vergißmeinnicht

In vielen Familien ist ein Taufkleid vorhanden, in dem schon vorangegangene Generationen getauft wurden und in das die Namen der Täuflinge eingestickt sind. Das weiße Kleidchen ist ein Sinnbild für die Reinheit und Unschuld des Kindes, es wird entweder mit einer rosa oder einer hellblauen Satinschleife geschmückt. Hellblau symbolisiert die Kraft des Himmels, die sich auf den Jungen übertragen soll. Rosa, die Farbe der Mädchen, steht für die Fruchtbarkeit.

Die Taufe wird im familiären Kreis mit den Paten, engen Verwandten und guten Freunden gefeiert. Auch der Geistliche freut sich über eine Einladung.

Zu Beginn der Planung sollte der Termin mit dem Pfarramt abgestimmt werden.

Eingeladen wird zur kirchlichen Feier sowie zu einem anschließenden Sektempfang, Mittagessen oder Nachmittagskaffee.

Wird nach Hause eingeladen, ist es sinnvoll, wenn Freunde und Verwandte bei den Vorbereitungen behilflich sind oder ein Catering-Service beauftragt wird, damit die Eltern das Fest genießen können.

Bei der Einladung in ein Restaurant gilt es, rechtzeitig zu reservieren.

Die Einladung enthält Zeit und Ort der Taufe sowie der anschließenden Feier, das Datum der Rückantwort und welche Kleidung gewünscht ist, zum Beispiel Blazer oder dunkler Anzug. Mit einem Photo des Babys kann ihr eine persönliche Note verliehen werden.

Als Taufgeschenke von bleibendem Wert eignen sich silberne Becher, Rasseln, Löffel oder Schmuck, die mit dem Namen und dem Geburtsdatum des Täuflings graviert werden.

Wichtiger Bestandteil der Taufe ist der Taufkuchen, der eine symbolische Bedeutung hat: Der gemeinsame Verzehr des Brotes steht für die Aufnahme eines neuen Menschen in die Gemeinschaft.

Zum Dekorieren des Tisches eignen sich zarte, kleinblütige Blumen, die in mehreren Vasen verteilt werden, Petit fours in

verschiedenen bunten Farben, helles Geschirr und Kerzen, die dem Tisch eine feierliche Stimmung geben. Schön ist es, wenn die Wiege mit dem Baby in der Nähe des Tisches steht und mit Spitzenbettwäsche und einem Blütenkranz geschmückt wird.

Mandeln, traditionelle Fruchtbarkeitssymbole, die mit hellblauem, weißem und rosafarbenem Zuckerguß überzogen sind, werden in kleinen Kästchen verpackt oder in Tüll eingewickelt. Dekorativ auf dem Tisch verteilt, sind sie eine große Freude für die anwesenden Kinder.

Eine Karte mit dem Photo des Kindes und einem handschriftlichen Dankeschön sind eine liebevolle Erinnerung für die Gäste.

Mandeldragees aus Florenz und der Taufkuchen

Die Pracht des Sommers in einer Jardiniere

DIE BLUMEN

Ich liebe üppige Sträuße, die aus einer Blumenart in einem Farbton gebunden sind. Der Charakter der einzelnen Blume kommt so am besten zur Geltung. Verwandelt sich im Sommer der Garten in ein buntes Blumenmeer, kann ich der Vielfalt nicht widerstehen: Ich schneide eine Mischung aus verschiedenen Farben und Blüten und binde sie zu bunten Sommersträußen zusammen.

Ob in barocker Zusammenstellung oder als verspieltes Millefleurs, Blumen sind meine große Leidenschaft. Wenn ich mein Haus oder einen Tisch mit Blumen schmücke, ist das für mich eine Form, Lebenslust zum Ausdruck zu bringen.

Ich lasse mich durch die Blumen der Jahreszeit zu Thema und Farben der Dekoration inspirieren: Die Verspieltheit der hellen und zarten Töne des Frühlings, die bunte, leuchtende Kraft und Vielfalt des Sommers oder die satten, tiefen Farben des Herbstes spiegeln in meinem Haus den Wandel der Jahreszeiten.

Das Haus und den Tisch zu Ehren der Gäste mit Blumen zu dekorieren, war bereits in antiken Hochkulturen üblich. Die Römer schenkten ihren Besuchern sogar einen Kopfschmuck aus gebundene Blumenkränzen als Willkommensgruß.

Die Mitte des Tisches mit Blumen zu schmücken, ist erst seit Ende des 18. Jahrhunderts Tradition. In den beiden vorhergehenden Jahrhunderten war bei großen Schauessen der 'Service à la française' üblich: Reich garnierte Schüsseln, Platten und stattliche Suppenterrinen waren in der Mitte der Tafel zu beeindruckenden Arrangements aufgebaut. Die Gäste bedienten sich gegenseitig, indem sie ihre Teller rundreichten.

Dann änderte sich die Form des Servierens: Der 'Service à la russe', die noch heute übliche Form, Speisen auf den Tellern anzurichten, kam in Mode. Mit dem Übergang zum 'Service à la russe' wurden die Schüsseln und Terrinen nicht mehr auf dem Tisch aufgebaut. Statt dessen wurde das in der Mitte frei gewordene Oval mit Konfektetageren, Kompottschalen, Kerzenleuchtern, kleinen und großen Blumenvasen geschmückt.

Die Dekorationen in der Mitte des Tisches haben inzwischen gemäßigtere Ausmaße – die heutige Vorstellung von Ausgewogenheit zwischen Geschirr und Tischschmuck entspricht den räumlichen Gegebenheiten und dem Geschmack der Zeit. Im Mittelpunkt steht die Kommunikation der Gäste, deshalb sind Gestecke eher flach gehalten und Kerzenleuchter überragen die Augenhöhe, um Blickkontakt zu ermöglichen.

Das Dekorieren mit Blumen offeriert eine endlose Vielfalt von Farben, Formen und Düften. Dekorieren mit Blumen ist eine Kunst, die nur einer Voraussetzung bedarf: Die Liebe zu Blumen und die Bereitschaft, mit ihnen zu spielen. Ob man eine ganze Fülle von Blumen oder eine einzige Blume dekoriert, wichtig ist, daß man das richtige Gefäß findet, das die bestimmte Form, Farbe und Beschaffenheit zum Ausdruck bringt.

Ein Arrangement in einen Raum zu plazieren, ist genau wie bei allen anderen dekorativen Objekten eine Frage der Experimentierfreudigkeit, bis man den richtigen Platz findet, wo sie sich am besten in die Umgebung einfügen.

Dekorieren mit Blumen ist eine Sache von persönlichem Ausdruck und Geschmack, und es gibt keine Regeln für Individualität. Bei der Auswahl der Blumen sollte jedoch auf den Duft geachtet werden, einige Blumen eignen sich aufgrund ihres intensiven Geruches nicht für die Tischdekoration, beispielsweise Lilien und Hyazinthen.

Es empfiehlt sich, die Blumen bereits zwei bis drei Tage vorher zu besorgen, die Stielenden im unteren Drittel von Blättern zu befreien und sie, frisch angeschnitten, an einem kühlen Ort aufzubewahren. So können die Knospen sich öffnen, bevor am Vortag der Einladung die Blumen in aller Ruhe arrangiert werden. Das Wasser der Sträuße sollte täglich gewechselt und die Stiele neu angeschnitten werden. Frischhaltemittel verhindern die Bakterienbildung im Wasser.

Werden Blumen als Gastgeschenk bei einer Einladung zum Essen gewählt, empfiehlt es sich, diese einige Tage vorher zu schicken, damit sie in die Dekoration mit einbezogen werden können. Der Moment, in dem die Gäste eintreffen, ist nicht der richtige Augenblick, eine passende Vase und einen Standort zu suchen. Der Gastgeberin kann aber auch eine große Freude bereitet werden, wenn ihr am Tag nach der Einladung als Dank und als Zeichen, daß die Gäste sich bei ihr wohlgefühlt haben, ein Blumenstrauß mit einer Grußkarte zugesandt wird.

Blumen sind auch ein Glück- und Segenswunsch und eine Sympathiebekundung. Die Sprache der Blumen sagt vieles aus: Ob man das Vergißmeinnicht für sich sprechen läßt, mit dem Maiglöckchen Frühlingsgefühle überbringt oder die Sonnenblume als Symbol für Glück und Freundschaft verschenkt. Das Bemühen, die Lieblingsblumen eines Menschen herauszufinden und sie zu schenken, zeugt von besonderer Aufmerksamkeit.

DAS KINDERFEST

Der große Tag der Kinder. An diesen Tagen wurde unsere Faschingskiste ausgeräumt und das Haus in einen Zirkus verwandelt, in dem das Geburtstagskind und seine Freunde die Hauptrolle spielten. Gekocht habe ich das Lieblingsessen der Kinder, egal wie pappig und süß es auch war. Ich organisierte Spiele, bei denen getobt und geschrien wurde. Jedes Fest war für mich ein Riesenspaß.

I hope nothing happens to spoil my fun..
Florian
Anna

Morgens kamen die Kinder immer voller Neugier zum Geburtstagstisch, der mit Blumen und den Geschenken dekoriert war. Auf dem Geburtstagskuchen brannten die Kerzen, für jedes Jahr eine. Wenn meine Kinder alle Kerzen auf einmal ausgeblasen hatten, durften sie sich etwas wünschen.

Die Vorfreude auf das Fest am Nachmittag mit den Freunden war riesengroß.

Zu Beginn des Jahrhunderts war die Geburtstagsfeier eine große Ausnahme. In einer Bauernfamilie zum Beispiel erhielt das Kind als einzige Ehrung eine besondere Mahlzeit.

Der Geburtstag entwickelte sich langsam als Familienfest, zu dem nur Verwandten geladen wurden und bei dem das Kind artig auf seinem Platz zu sitzen hatte.

Erst in den Siebziger Jahren, unter dem Einfluß der anti-autoritären Erziehung, lebte der Kindergeburtstag zu dem ausgelassenen Fest von heute auf, bei dem die Kinder der Mittelpunkt sind und sich bei Spiel und Essen verwirklichen dürfen.

Der heißbegehrte Geburtstagskuchen, die singenden Mohrenköpfe und die Gummischlangen im Glas warten auf die kleinen Gäste

Die lustigen Mohrenköpfe können Sie ein oder zwei Tage vor dem Fest mit Ihrem Kind zusammen backen. Das Rezept für den Bisquitboden und die Buttercreme ist in jedem Backbuch zu finden. Der Phantasie für die Gestaltung der Gesichter sind keine Grenzen gesetzt.

Mohrenköpfe

Was wird benötigt?
Ein Bisquitboden, etwa 4 – 5 cm hoch, Buttercreme, Schokoladenkuvertüre, Marzipan, Schokoladenstreusel, natürliche Lebensmittelfarbe, Kakaopulver.

1. Schritt
Mit einer runden Form Kreise aus dem Bisquitboden ausstechen und diese halbieren.

2. Schritt
Auf die untere Hälfte Buttercreme auftragen. Die obere Hälfte daraufsetzen.

3. Schritt
Einen Teil des Marzipans mit Kakao, einen weiteren mit roter Lebensmittelfarbe verkneten. Aus dem braunen Marzipan kleine Kugeln für das Dunkel der Augen und große für die Nasen, aus dem roten die Münder anfertigen. Für das Weiß der Augen weißen Marzipan zu kleinen Scheiben formen.

4. Schritt
Die Schokoladenkuvertüre im Wasserbad schmelzen. Die Köpfe mit der Schokolade einpinseln. Bevor die Kuvertüre fest wird, Schokostreusel als Haare auf eine Seite streuen. Augen, Nasen und Münder auf den Köpfen leicht andrücken. Kuvertüre fest werden lassen.

In anderen Ländern gibt es viele Bräuche, die sich auf den Kindergeburtstag beziehen. Damit die Kleinen 'groß und stark' werden, heben die Engländer ihre Kinder nach Anzahl der Lebensjahre an Armen und Beinen hoch. In Italien werden sie sogar an den Ohren gezogen. Die Argentinier hängen eine mit Süßigkeiten gefüllte Pappkugel an die Decke, nach der sich das Kind strecken muß, um sie zu zerschlagen und an die Süßigkeiten zu gelangen. Die Schweden bringen die Geschenke ans Bett und wecken das Geburtstagskind mit einem Lied und einem Kuß.

Bei der Organisation des Festes sollte das Kind von Anfang an mit einbezogen werden. Die Frage nach den einzuladenden Freunden wird meist gemeinsam entschieden. Mütter von eingeladenen Kindern freuen sich sicher, bei der Organisation und Vorbereitung der Spiele mitzuwirken. Für die Hausfrau ist dies eine große Hilfe.

Eingeladen wird nach Hause in ein großes Zimmer, im Sommer in den Garten, wo die Kinder nach Herzenslust toben dürfen. Nachbarn sind bestimmt geduldiger, wenn sie vorher informiert und um Verständnis gebeten werden. Ein Stück Geburtstagskuchen läßt sie an der Freude teilhaben.

Süße Bären und eine Menge bunt verpackter Geburtstagsgeschenke

Geschenkpapier

Was wird benötigt?
Festeres Geschenkpapier, auch bunte Wellpappe, Transparentpapier in verschiedenen Farben, Paketschnur, Klebstoff, Schere.

1. Schritt
Aus dem Geschenkpapier die Form von Luftballons ausschneiden. Transparentpapier zuschneiden, das ca. 1 cm größer ist als die Ausschnitte.

2. Schritt
Mit dem Klebstoff Transparentpapier hinter die Aussparungen auf die Rückseite des festen Papiers kleben.

3. Schritt
Nachdem der Kleber getrocknet ist, das Geschenk einpacken. Auf der Vorderseite des Geschenkes jeweils ein Stück Paketschnur als 'Luftballonschnur' ankleben.

Bemalte Servietten

Für diese Servietten werden lebensmittlelechte Farben verwendet. Die Farben sind bei 90° auswaschbar.

Was wird benötigt?
Leinenservietten, 40 x 40 cm, lebensmittelechte Wasserfarben in rot, gelb, blau und grün, einen etwa 1 cm breiten Pinsel.

1. Schritt
In eine Ecke der Serviette ein beliebiges Motiv aufmalen: Zum Beispiel eine grüne Wiese mit einem Häuschen und einer Sonne und dann die Farbe trocknen lassen.

Plisch und Plum bewachen den Geburtstagstisch

Gemeinsam überlegt man sich die Spiele. Neben traditionellen Spielen haben Kinder sicher auch eigene Ideen, die sie aus Kindergarten, Schule oder von anderen Geburtstagen kennen. Jedes Spiel hat einen Gewinner, und für diesen gibt es einen Preis. Das Geburtstagskind freut sich, wenn es bei der Auswahl der Preise dabei sein darf.

Gestalten Sie die Einladungen mit dem Kind gemeinsam. Diese sollten dann im Kindergarten oder in der Schule ein bis zwei Wochen vor dem Fest verteilt werden. Angegeben wird, wann und wo das Fest stattfindet sowie das Motto, damit die Kinder sich entsprechend verkleiden können. Die Dekoration richtet sich nach dem Motto der Party. Klassische Materialien sind Luftballons, Girlanden und Kreppapier. Kinderparties, die unter einem besonderen Motto stehen, können mit viel Phantasie und Einfallsreichtum geschmückt werden.

Kleinere Gäste sind oft schüchtern, wenn sie in ein fremdes Haus kommen, deshalb sollten Sie sie gleich in ein Spiel einbinden. Großen Spaß bereitet es beispielsweise, sich reihum aus einer Kiste alte Kleider zu nehmen, um sich damit zu kostümieren.

Viel lustiger als eine festgelegte Tischordnung finden Kinder ein Buffet. Alles Süße, Klebrige und Herzhafte, das sie sich für diesen Tag gewünscht haben, wird darauf aufgetürmt. Eine lustige Idee sind dicke, gemütliche Kissen, die auf dem Boden liegen und die Stühle ersetzen.

Überlassen Sie die Kinder bei dem Geburtstagsfest nicht sich selbst, sondern organisieren Sie die Spiele gemeinsam mit dem Kind und helfen Sie ihm bei der Preisverleihung. Es gibt viele einfache Spiele, die schon seit Generationen begeistern: Zum Beispiel Eierlaufen, Blinde Kuh, Topfschlagen, Reise nach Jerusalem, Scharaden oder Mohrenkopfwettessen. Ein Riesenspaß für alle Kinder ist es, wenn die Eltern beim Sackhüpfen mitmachen müssen!

Der Photoapparat sollte immer dabei sein, denn die Bilder sind bei der Hochzeit oder dem sechzigsten Geburtstag des 'Kleinen' ein besonderes Vergnügen.

DER VALENTINSTAG

Ein Tag im Jahr gehört traditionell den Liebenden, der 14. Februar, auch Vielliebchentag genannt. Für mich ist es der Tag der Freundschaft und Zuneigung, der roten Rosen und Vergißmeinnicht, der kleinen Gesten und Botschaften. Besonders gefällt mir die humorvolle Art, wie in England und Amerika der Valentinstag gefeiert wird.

Mit viel Einfallsreichtum werden dort Postkarten gestaltet, mit denen geliebten und nahestehenden Menschen ein kleines Zeichen der Zuneigung in Form eines Liebesgedichtes oder eines amüsanten Spruches übermittelt wird.

Oft wird auf diesem Weg der Angebeteten ein Rätsel aufgegeben, denn es ist durchaus üblich, anonym zu bleiben. Eine andere schöne Tradition ist in unserer Region zu finden: Auf Tanzbällen finden junge Paare durch in Rosen versteckte Zettelchen zueinander.

Dies erinnert an den in der Antike vermuteten Ursprung des Valentinstages: Die Römer feierten im Frühjahr das lustvolle Lupercalia Fest, zu dem die Herren den Namen ihrer Partnerin auf einem Pergament zugesteckt bekamen.

Im Mittelalter setzte die christliche Kirche dem heidnischen Brauch den fiktiven Märtyrer Valentin entgegen, über den teils widersprüchliche Biographien existieren. Er wurde allerdings bald zum Schutzheiligen der Liebenden und der Valentinstag zum klassischen Verlobungstag.

Noch heute sind die roten Rosen die Blumen der Leidenschaft. Dies ergibt sich aus der griechischen Sage von Aphrodite, die Schönste aller Göttinnen, die aus dem Meer entstiegen sein soll. Wo ihr Fuß den Boden berührte, verwandelte sich der Meeresschaum zu weißen Rosen, dem Sinnbild der unschuldigen Liebe. Der junge Adonis stach sich an den Dornen, als er versuchte, die Rosen zu pflücken, und sein Blut färbte die Blüten rot.

Rosenpotpourri

Was wird benötigt?
Getrocknete Rosen, naturreines Rosenöl, ein Plastikbeutel, eine Kordel.

1. Schritt
Die Rosenköpfe von den Stielen abschneiden, etwas auseinanderzupfen und in den Beutel geben.

2. Schritt
4 – 5 Tropfen Rosenöl über die Rosenblätter im Beutel träufeln.

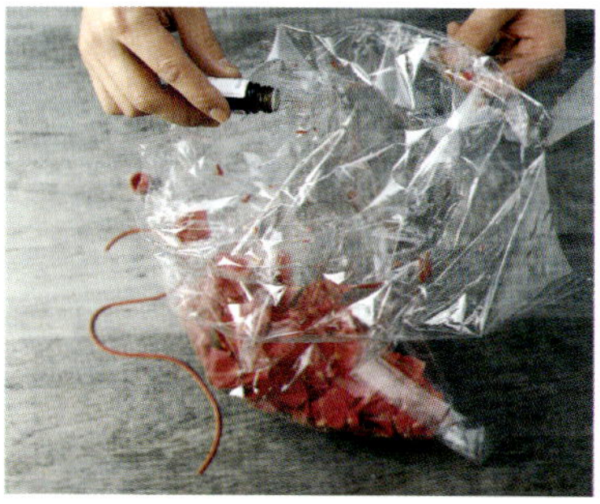

3. Schritt
Den Beutel aufblasen und fest verschnüren. Einige Tage liegen lassen.

4. Schritt
Das Rosenpotpourri in eine schönen Schale füllen. Der Duft kann von Zeit zu Zeit wieder mit dem Rosenöl aufgefrischt werden.

Diese Kerze sieht nicht nur wunderschön aus, sondern sie verwandelt den Raum auch in einen duftenden Rosengarten.

Duftkerze

Was wird benötigt?
Eine weiße Kerze, klein zerteiltes Rosenpotpourri, ein Topf mit siedendem Wasser, ein Geschirrtuch.

1. Schritt
Die Kerze in das heiße Wasser eintauchen, bis die äußere Wachsschicht beginnt, weich zu werden.

2. Schritt
Die Kerze im Rosenpotpourri wälzen, mit dem Geschirrtuch die Blütenblätter leicht antupfen.

Auch der Duft dieser Kerze kann mit 1 – 2 Tropfen Rosenöl aufgefrischt werden.

Casanova verstand es genau, auf verführerische Weise die Liebe der Frauen zu gewinnen. Süßes Konfekt und guter Wein bei einem diner à deux waren sein Geheimnis, die Frauen zu verführen, und zum aufregenden Teil des Abends übergehen zu können.

Es gab immer wieder Gerüchte, daß bestimmte Speisen die Wirkung von Aphrodisiaka hätten: Zwiebeln, Eier, Austern und Trüffel, Hahnenkämme sowie die Gewürze Vanille, Safran und Zimt gelangten über die Jahre zu zweifelhaftem Ruhm.

Was Austern betrifft, zeichnet sich der wahre Liebhaber dadurch aus, daß er sie nur roh verzehrt

Eingeladen wird an diesem Tag der oder die Geliebte. Wichtig bei der Wahl des Ortes ist der romantische Aspekt und die Einmaligkeit der Einladung. Je aufregender die Phantasie, desto größer die Chancen, das Herz des Anderen zu gewinnen.

Hier zwei Rezepte, denen eine verführerische Wirkung nachgesagt wird.

Kaviar à la Casanova

Zutaten:
75 g Kaviar, 12 Baguettescheiben, 1 kleine Räucherforelle, 3 EL Crème double, etwas Zitronensaft, weißer Pfeffer, Butter.

Zubereitung:
Die Baguettescheiben von beiden Seiten in Butter goldbraun rösten, abkühlen lassen. Die Forelle von Haut und Gräten säubern und zusammen mit der Crème double pürieren. Mit Zitronensaft und Pfeffer abschmecken.

Die Crème auf die Brotscheiben auftragen und den Kaviar darauf verteilen.

Pasta di Venus

Zutaten:
200 g Spaghetti, 4 EL Olivenöl, 1 Schalotte, 100 g Venusmuschelfleisch, 150 ml trockener Weißwein, 50 g süße Sahne, 2 Fleischtomaten, Salz, weißer Pfeffer, Basilikum.

Zubereitung:
Die Schalotte feinhacken, im Olivenöl andünsten, die enthäuteten Tomaten klein gewürfelt dazugeben. 10 Minuten köcheln lassen und anschließend die Venusmuscheln hinzugeben. Den Weißwein und die Sahne angießen und alles zusammen einige Minuten ziehen lassen. Mit Salz und Pfeffer abschmecken.

In der Zwischenzeit die Spaghetti al dente kochen und in etwas Olivenöl schwenken.
Die Sauce über die Pasta geben und mit Basilikumblättern garnieren.

Servieren Sie zur Begrüßung ein Glas Champagner, zum Kaviar russischen Wodka, zu den Austern einen spritzigen Weißwein und zur Pasta einen schönen Rotwein.

DAS OSTERFEST

Am Ostersonntag kommen in unserem Haus Familie und Freunde zu einem gemeinsamen Frühstück zusammen, um Ostern zu feiern. Auch für unsere erwachsenen Kinder und Gäste verstecke ich Nester mit bunten Eiern und einer kleinen Überraschung im Haus oder im Garten. Beim traditionellen Osterspaziergang freuen wir uns über das Erwachen des Frühlings mit seinen ersten Knospen und Blüten.

Am Gründonnerstag beginnen wir mit den ersten Vorbereitungen für das Osterfest.

Eier werden mit Naturfarben gefärbt und anschließend mit einer Speckschwarte abgerieben, bis sie glänzen.

Kleine Narzissen pflanze ich zusammen mit Muscari als Frühlingssymbol in flache Körbe, lege frisches Moos auf die Erde und plaziere darauf die bunten Eier.

Am Palmsonntag schneide ich Forsythien- und Birkenzweige, damit sie rechtzeitig zu Ostern ihre Knospen öffnen.

Alle Mitglieder unserer Familie bemalen an Ostern ein ausgeblasenes Ei, das dann Jahr für Jahr am Osterstrauch seinen Platz findet. Die Schachtel mit den vielen verschieden bemalten Eiern ist meine Schatztruhe.

Aus Schottland haben wir den Brauch des Eierrollens übernommen: Jeder läßt sein Ei einen sanften Hang hinunterrollen und läuft hinterher. Derjenige, dessen Ei am weitesten gerollt ist, bekommt einen kleinen Porzellanhasen.

Amarylliszwiebeln im Glashaus und aufgeblühte weiße Amaryllis in der Vase

Die Bezeichnung Ostern wird abgeleitet von der vorchristlichen Göttin Eostre, der das Frühlingsopferfest geweiht war. Dies fiel, wie noch heute das christliche Osterfest, auf den ersten Sonntag nach dem Vollmond, der auf die Frühjahrs-Tagundnachtgleiche folgte.

Das Licht und das Ei, die Sinnbilder für Leben und Fruchtbarkeit, vereinen sich in diesen Kerzen, die dem Ostertisch einen fröhlichen Glanz verleihen.

Eierkerze

Was wird benötigt?
Teelichter, gelbes Wachs, aufgeschlagene Eier, ein Kochtopf, ein Teelöffel.

1. Schritt
Das Teelicht in das aufgeschlagene Ei stellen.

2. Schritt
Das Wachs im Topf schmelzen, anschließend mit dem Teelöffel über das Teelicht im Ei geben.

Nach der dunklen und besinnungsreichen Karwoche stellt das Osterfest, bei dem die Auferstehung Christi gefeiert wird, den Wendepunkt vom Dunkel zum Licht, vom Winter zum Frühling dar.

Das Osterfest ist undenkbar ohne das kunstvoll verzierte Ei, das als Symbol des Lebens und der Fruchtbarkeit gilt. Gefärbte Hühnereier sind bereits durch vorchristliche Funde in Griechenland (500 – 200 v.Chr.) belegt.

Die absolute Blütezeit erreichte diese Kunst am Hofe Louis XV., der Ostereier von Watteau und Boucher mit verspielten Szenen bemalen ließ, sowie am Hofe des Zaren Nikolaus I., der seinen Hofjuwelier Fabergé beauftragte, jedes Jahr ein 'Überraschungsei' aus Gold, Emaille und Edelsteinen für die Zarin zu fertigen. In Rußland, wo Ostern das bei weitem wichtigste Kirchenfest ist, sind Eier aus allen möglichen Stoffen wie Porzellan, Lukutin-Papiermaché oder Schmuckstein in der Bevölkerung üblich.

Leny in seinem Nest aus Winterweizen der in Rußland als Osterdekoration eine lange Tradition hat

Fabergés Serie der kaiserlichen Ostereier wird mit einigem Recht als „die letzte Blüte der europäischen Kunst im Dienste großer Auftraggeber“ bezeichnet. Das erste Osterei wurde bereits 1885 von Zar Alexander III. in Auftrag gegeben, war aus weißem Emaille gefertigt und trug eine Krone aus Rubinen und Diamanten.

Nach dem Ei ist das zweite Symbol der österlichen Zeit der Osterhase. Das Mittelalter deutete den Hasen unter anderem als Sinnbild der Auferstehung Christi.

Ostertisch mit Osterlamm, Straußeneier gefüllt mit Narzissen auf Moos, gefärbte Eier, Kerzen im Eierbecher und Osterzopf

Der Osterhase im heutigen Sinne ist erst seit dem 18. Jahrhundert bekannt und hat teilweise bis heute, je nach Region, noch verschiedene Mitstreiter: In Westfalen und Friesland ist es der Fuchs, in Thüringen sind es Hahn und Storch, und in Belgien und den Niederlanden sind es die aus Rom zurückkehrenden Kirchenglocken, die die Ostereier bringen.

Der Ostertisch ist ein fröhlicher Tisch. Die ersten Frühlingsboten Kresse, Schnittlauch, Tulpen, Narzissen, Muscari und Moos können in verschiedenen Variationen dekoriert werden. Das Osterlamm aus Mürbeteig, der Osterzopf und der Osterschinken, die früher zur österlichen Messe geweiht wurden, sollten auf dem Frühstückstisch nicht fehlen. Tischdecken und Geschirr in hellen Frühlingsfarben wie gelb und grün unterstreichen die Leichtigkeit dieses Festes.

Kranz aus Hühnerfedern und Eierschalen

Kranz aus Hühnerfedern und Eierschalen

Was wird benötigt?

Eine Boa aus Hühnerfedern (im Blumen- oder Bastelgeschäft erhältlich), Eierhälften, ein Strohkranz mit einem Durchmesser von ca. 30 cm, Römerhafte, eine Schere, eine Klebepistole.

1. Schritt

Die Eierhälften in unregelmäßigen Abständen mit Heißkleber am Strohkranz befestigen.

2. Schritt

Die Boa aus Hühnerfedern in kleine Stücke schneiden und diese in die Zwischenräume auf den Strohkranz heften.

Die Federn und die Eierhälften erinnern an ein soeben geschlüpftes Küken.

Kleine, liebevoll gestaltete Details geben dem frühlingshaften Ostertisch jedes Jahr ein neues Gesicht.

Die buntgefärbten Ostereier in Körben oder Porzellanschalen mit Moos und Stroh ausgelegt, auf Tellern im Kresserand oder locker über den Tisch verteilt, stehen im Mittelpunkt der Dekoration.

Die süßeste Versuchung an Ostern sind die Schokoladeneier, die für alle eine besonders große Freude an den Ostertagen sind.

Serviettenringe aus Wachteleiern

Was wird benötigt?
6 – 8 ausgeblasene Wachteleier, eine Klebepistole.

1. Schritt
Mit der Klebepistole einen Tropfen Heißkleber auf die Spitze eines Eis geben, das nächste Ei sanft andrücken.

2. Schritt
Ein Ei an das andere kleben, auf diese Weise einen Kranz formen.

Dieser Kranz aus Wachteleiern, in den die Servietten gesteckt werden, ist eine sehr ausgefallene Idee, die allerdings einige Zeit und Fingerspitzengefühl erfordert.

Zu diesem Serviettenring ist eine Tischdekoration aus Wachteleiern mit Kresse eine sehr natürliche Variante zu den buntgefärbten Hühnereiern.

Straußeneier gefüllt mit Narzissen

Was wird benötigt?
Straußeneier (beim Floristen zu bestellen), je Ei 3 – 4 Zwiebelgewächse, z.B. Narzissen, Moos, ein Hammer.

1. Schritt
Ei mit der Hammerspitze vorsichtig aufklopfen, die Eier sind sehr zerbrechlich.

2. Schritt
Vorsichtig Moos in das geöffnete Ei hineinlegen.

3. Schritt
Die Blume in das Ei pflanzen.

4. Schritt
Die Zwischenräume mit Moos auspolstern.

5. Schritt
Die restlichen Stücke der Eierschale auf das Moos legen. Die Eier auf Moos zum Stehen bringen.

Osterlammrücken in Kräuterkruste

Zutaten:
500g Lammrücken, 5 frische Knoblauchzehen, 1 TL Rosmarin, 1 TL Thymian, 2 TL Kerbel, 2 TL Petersilie, 2 EL Olivenöl, Pfeffer, Salz.

Zubereitung:
Den Lammrücken mit Olivenöl einpinseln, mit grob gemalenem Pfeffer und Salz einreiben und in einem offenen Schmortopf mit der Fleischseite nach unten 2-3 Minuten mit starker Hitze anbraten. Inzwischen die kleingehackten Kräuter mit dem restlichen Olivenöl verrühren. Den Lammrücken wenden und das Kräutergemisch andrücken. Im vorgeheizten Ofen (E 225°) etwa 15 Minuten braten. Das Fleisch im ausgeschalteten Ofen dann noch etwa 10 Minuten ruhen lassen. Mit kleinen, frischen Bohnen und Kartoffeln servieren.

DAS GESCHIRR

Porzellan spielt für mich aus vielen Gründen eine wichtige Rolle. Ich liebe den Glanz des 'Weißen Goldes', das den Tisch in eine festliche Tafel verwandelt, oder mich mit seinen bunten Farben zum Frühstück begrüßt. Variationen aus verschiedenen Mustern und Dekors sind ein Zeichen von Lebensfreude, die mich Tag für Tag erneut faszinieren.

Marco Polo war der erste, der 1295 nach einer Weltreise vom chinesischen Porzellan berichtete: „Porcella, eigentlich die Bezeichnung einer weißen Meeresmuschel, gebe es im fernen China im Überfluß." In Europa sollte das 'Weiße Gold' in den darauffolgenden Jahrhunderten eine seltene Kostbarkeit bleiben. Das Porzellan aus China wurde fast ausnahmslos in den Kunst- und Wunderkammern der Fürstenhöfe zur Schau gestellt: Die Fürsten des beginnenden 16. Jahrhunderts waren einer wahren Sammelwut verfallen. Mit goldenen und silbernen Fassungen versehenes Geschirr war ein beliebtes Gastgeschenk.

Der wachsende Seehandel ermöglichte es, daß das Porzellan bis zur ersten Hälfte des 18. Jahrhunderts so weit verbreitet war, daß es auch als – wenn immer noch sehr kostbares – Gebrauchsgeschirr verwendet wurde. Inzwischen hatten die Chinesen eine gesonderte Produktion für den Export aufgebaut, für die 'Barbaren des Westens' wurde eine künstlerisch und qualitativ weniger wertvolle Ware hergestellt.

Der Bedarf an Gebrauchsgeschirr, besonders seit der Verbreitung von Kaffee, Kakao und Tee, wuchs immer mehr an, doch trotz der zahlreichen Berichte über die chinesische Porzellanherstellung gelang es weder Franzosen, Italienern noch den Deutschen, hinter das Geheimnis zu kommen.

August der Starke, der den Staatskassen ungeheure Summen für seine Porzellanleidenschaft entzog, tauschte 1717 sogar ein Regiment Dragoner gegen kostbare Kang-hsi-Vasen ein. Er investierte viel Ehrgeiz und Geld in die Erforschung des Porzellans und engagierte den Alchimisten Böttger, der auf sich aufmerksam gemacht hatte, weil er behauptete, eine rote Tinktur zur Goldherstellung zu besitzen.

Als er sich weigerte, sein Wissen bei der Porzellanerforschung mit einzubringen, sperrte August der Starke ihn kurzerhand in der Moritzburg bei Dresden ein. Dort arbeitete Böttger fast fünf Jahre. 1708 brannte er endlich einen weißen Scherben, und 1710 wurde in der ersten Porzellanmanufaktur Europas, in Meißen, Böttger-Steingut und Böttger-Porzellan hergestellt.

Im Jahre 1748 verwandelte Francois Boch seine Eisengießerei im lothringischen Audun-le-Tiche in eine Töpferei, in der er begann, einfaches Steingut herzustellen. In der nächsten Generation gründete Pierre-Joseph Boch in Luxemburg seine Manufaktur. Ihm gelang es, ein qualitativ hochwertiges, dem Porzellan ähnliches, weiß brennendes Steingut zu entwickeln. Günstigere Produktionskosten und eine neuartige, ebenfalls günstigere, farbige Glasur machten das Porzellan endlich für ein breites Publikum erschwinglich.

Heute sind im Handel verschiedene Sorten von Porzellan erhältlich. Neben Steinzeug, Steingut und Porzellit ist das eigentliche Porzellan das qualitativ hochwertigste. Porzellit, auch Vitro-Porzellan genannt, ist eine Mischung aus Porzellan und Steinzeug, die dünnwandiger als letzteres und sehr haltbar ist. Deshalb eignet es sich hervorragend für den täglichen Gebrauch.

Steingut ist ebenfalls weißbrennend, es ist allerdings leichter als Porzellan und paßt aufgrund seiner Dickwandigkeit gut zum einfachen oder rustikalen Tisch. Das hochwertigste und auch härteste Porzellan ist das Bone-China. Unter anderem durch Zusatz von Rinderknochenasche erhält es eine mattschimmernde Oberfläche und ist besonders durchscheinend. Ob mit schlichtem oder ausgefallenem Dekor stellt das Bone-China immer ein elegantes Tafelgeschirr dar.

Zur Grundausstattung eines Speiseservices zählen an flachen Tellern der Hauptspeisen- oder große Teller (ca. 24 cm Durchmesser), der etwas kleinere Dessert- und Salatteller (ca. 19/17 cm) sowie der noch kleinere Brotteller (ca. 15 cm). Hinzu kommt der tiefe Suppenteller (21 – 24 cm) sowie Schüsseln, Platten und Saucieren. Für ein mehrgängiges Menü wird eine ausreichende Anzahl an Tellern für Vorspeise, Suppe, Fisch, Fleisch und Dessert benötigt, denn zu jedem Gang wird ein neuer Teller gereicht. Das Kaffeeservice kommt bei Frühstück, Kaffee und Tee zum Einsatz. Ein Gedeck besteht aus einem kleineren Teller für Kuchen, Gebäck oder ähnliches sowie der Tasse für den Kaffee mit Untertasse. Die Teetasse ist breiter und flacher als die Kaffeetasse. Heute gehören meist Kaffee- und Teetassen zum Service, sie können beliebig ausgetauscht werden.

Mit dem Platzteller oder dem Teller für das Hauptgericht, der die Mitte des Gedecks angibt, wird das Eindecken begonnen, dann folgen Besteck und Gläser. Auf den Platzteller oder großen Teller kommt der Teller für den ersten Gang, die Vorspeise oder eine Suppe.

Beim Abservieren wird mit dem Teller und dem Besteck in der Gedeckmitte begonnen. Danach wird der Brot- und Salatteller vom Tisch genommen. Alle auf Tellern angerichtete Speisen, Suppen und Getränke werden von der rechten Seite des Gastes eingestellt, abserviert wird, sobald alle Personen mit dem jeweiligen Gang fertig sind, ebenfalls von rechts.

DER MUTTERTAG

Ein Frühstück im Bett und die Küche ein Schlachtfeld! Auf diese Weise zeigen die Kinder ihren Müttern einmal im Jahr ihren Dank und ihre Anerkennung. Gedichte werden gereimt, Blumen in Nachbars Garten gepflückt und große Versprechungen beteuert. Das wenigste wird eingehalten, aber das Frühstück im Bett ist jedes Jahr aufs neue eine liebevolle Verwöhnung.

Portugal

Bis ins 18. Jahrhundert ging es um mehr als Geschenke, die manchmal ein Ausdruck von schlechtem Gewissen sind. In England war am vierten Sonntag nach der Fastenzeit der Tag der Mutter. Die Kinder besuchten sie, um ihr den simnel-cake zu überreichen. Dieser Kuchen hatte entweder die Form einer Hostie oder eines Pfefferkuchenmannes. Er stellte nicht nur ein Geschenk dar, sondern auf diese Weise wurde der Segen der Mutter erbeten. Dies drückte eine ganz besondere Form der Hochachtung und Liebe aus.

An diesen Brauch erinnerte sich die Amerikanerin Reeves Jarvis, die insbesondere das Bürgertum auf die schwierige Situation der Fabrikarbeiterinnen aufmerksam machen wollte, welche durch Familie und Beruf einer enormen Doppelbelastung ausgesetzt waren. Nach jahrelangem Engagement startete Sie 1908 einen Aufruf zum Muttergedenktag. Ihre Bemühungen wurden belohnt, als Präsident Wilson 1914 den Muttertag in den USA zum Staatsfeiertag erklärte. In Europa wurde dieser Tag übernommen.

Das Frühstück im Bett ist ein Genuß – und der richtige Augenblick, die Gutscheine über zehnmal Spülen und dreimal Auto waschen liebevoll auf das Frühstückstablett zu legen. Große Freude löst bei vielen Müttern die spontane Einladung zu einem Sonntagsfamilienausflug, zu einem gemeinsamen Mittagessen im Lieblingsrestaurant oder einem Abend im Theater aus.

DAS BESTECK

Es gehört zu den Gegenständen, die man Tag für Tag in die Hand nimmt, ohne sich darüber besondere Gedanken zu machen. Besteck vereint in sich Funktionalität und Kunstwerk, denn es ist ein Werkzeug, dessen Gestaltung von Anbeginn Spiegel des Zeitgeistes war. Viele Menschen besitzen ein Besteck, das sie ihr Leben lang begleitet.

Das deutsche Wort Besteck stammt von 'Beisteck' – so wurde das Etui genannt, in dem die Gäste bis ins 18. Jahrhundert ihre eigenen Löffel, Messer und Gabeln zur Einladung mitbrachten, da nicht jeder Gastgeber, und noch weniger die Gasthöfe, über eine ausreichende Menge an Besteck verfügten.

Lediglich der Löffel, das älteste überlieferte Eßwerkzeug, war in allen Bevölkerungsschichten zum Essen und Vorlegen verbreitet. Im Mittelalter diente auch Brot als Hilfsmittel beim Essen: Speisen wurden mit einem großen Löffel auf ein Stück Brot geschöpft und so zum Mund geführt. Fleisch nahm der Gast sich, soweit nicht vorgelegt wurde, mit den Fingern, legte es auf eine Scheibe Brot und führte es, nachdem er es eventuell mit seinem mitgebrachten kleinen Messer zerteilt hatte, wiederum mit zwei Fingern der rechten Hand zum Mund. Laut Etikette war es äußerst verpönt, Speisen mit beiden Händen zu essen.

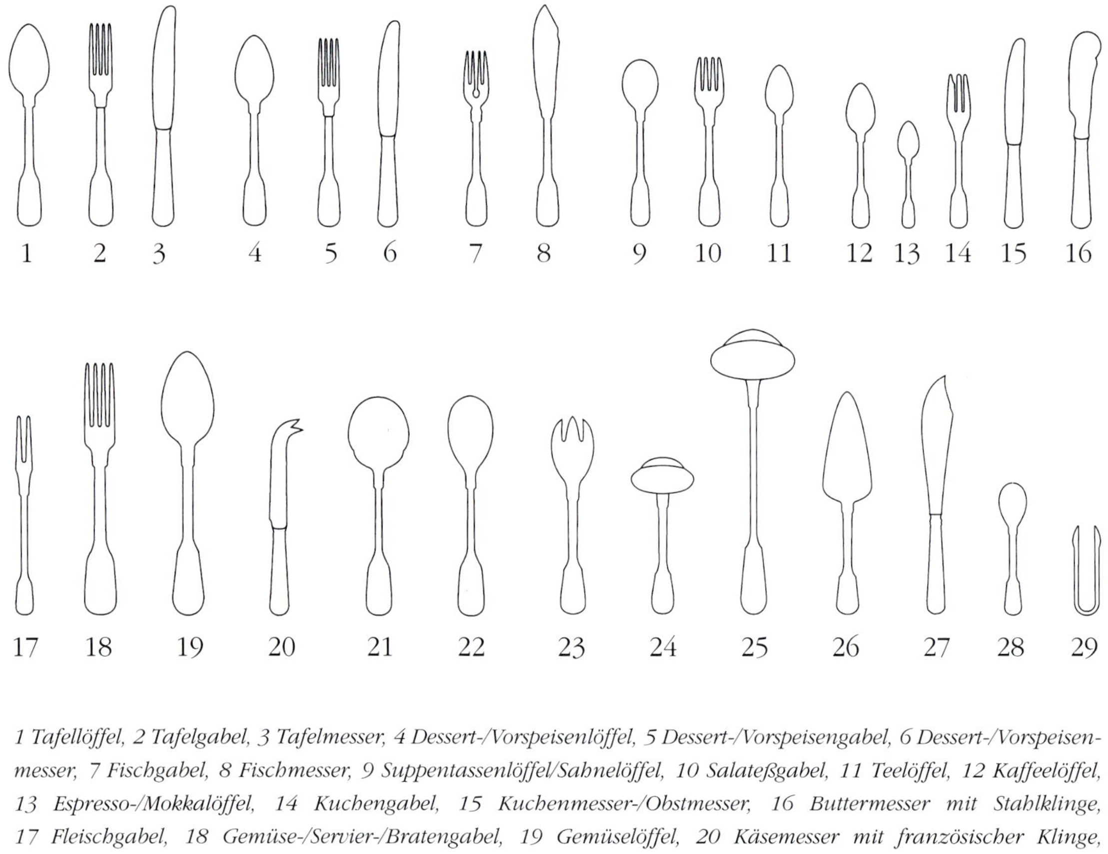

1 Tafellöffel, 2 Tafelgabel, 3 Tafelmesser, 4 Dessert-/Vorspeisenlöffel, 5 Dessert-/Vorspeisengabel, 6 Dessert-/Vorspeisenmesser, 7 Fischgabel, 8 Fischmesser, 9 Suppentassenlöffel/Sahnelöffel, 10 Salateßgabel, 11 Teelöffel, 12 Kaffeelöffel, 13 Espresso-/Mokkalöffel, 14 Kuchengabel, 15 Kuchenmesser-/Obstmesser, 16 Buttermesser mit Stahlklinge, 17 Fleischgabel, 18 Gemüse-/Servier-/Bratengabel, 19 Gemüselöffel, 20 Käsemesser mit französischer Klinge, 21 Kartoffellöffel, 22 Salatlöffel/Kompottlöffel, 23 Salatgabel 24 Saucenlöffel, 25 Suppenschöpfer, 26 Tortenheber, 27 Tortenmesser, 28 Zuckerlöffel/Eislöffel, 29 Zuckerzange

Große Bratenstücke kunstvoll mit Messern verschiedener Größe vor den Augen der Gäste zu tranchieren, hatte sich zu einem wahren Zeremoniell entwickelt, das von jungen Adeligen oder Tranchiermeistern durchgeführt wurde. Karl der Große (742 – 814) übernahm diese Aufgabe gern persönlich, er hatte die besondere Vorliebe, den gebratenen Hirsch eigenhändig mit seinem Schwert zu zerlegen und die besten Stücke seinen sechs Töchtern – und natürlich sich selbst – zu servieren.

Die Gabel kam wahrscheinlich aus Byzanz über Venedig nach Europa. Lange wurde sie nur zum Vorlegen benutzt, bis sie im 15. Jahrhundert in der Ausführung mit zwei Zinken auch als Eßinstrument, besonders für Käse und klebrige Süßigkeiten, zum Einsatz kam. Bis zum 17. Jahrhundert blieb sie ein seltener Luxusartikel, was sicher auch mit dem Verhalten der Kirche zusammenhing, die in der Gabel die Forke des Teufels sah und daher deren Verbreitung zu verhindern versuchte.

Erst im Laufe des 18. Jahrhunderts kam das zusammengehörige Gedeck von Löffel, Messer und Gabel auf. Nun wurde die Gestaltung von Geschirr, Besteck und Tischdekoration aufeinander abgestimmt; seit diesem Zeitpunkt war es überflüssig und unschicklich, sein eigenes Besteck mitzubringen.

Für viele Menschen ist die Auswahl ihres Besteckes, das sie über viele Jahre, manchmal über Generationen hinweg benutzen, keine leichte Entscheidung. Ein Silberbesteck ist ein Wertgegenstand, der oft mit persönlichen Monogrammen und Wappen graviert wird. In den letzten Jahrzehnten haben renommierte Designer das Besteck als Objekt für sich entdeckt.

Zur Anordnung des Bestecks für ein mehrgängiges Menü gelten einige grundlegende Regeln: Die Besteckteile sind immer in der Reihenfolge angeordnet, in der sie auch benutzt werden. Sie werden von außen nach innen weggenommen, somit liegen außen die Teile für die Vorspeise, innen die für die Hauptspeise.

Messer und Suppenlöffel sind rechts vom Teller, die Gabeln links davon plaziert. Die Klinge der Messer zeigt nach innen. Oberhalb des Tellers liegen Dessertlöffel und Dessertgabel, sie zeigen stets in entgegengesetzte Richtungen, Löffel nach links, Gabel nach rechts. Wird zu der Vorspeise Brot mit Butter gereicht, so ist zu diesem Zweck ein kleiner Brotteller mit einem dazugehörenden Messer, dessen Griff nach rechts zeigt, vorgesehen. Der Löffel zum Kaffee oder zum Tee wird erst mit der Tasse serviert.

DIE HOCHZEIT

Ja, ich will! Drei Worte voller Emotionen und Symbolhaftigkeit. Der Tag ist die Erfüllung der Liebe und des Glücks zweier Menschen. Die Einzigartigkeit dieser Stunden prägt Bilder, die man ein Leben lang vor sich hat. Die wunderschönen Erinnerungen an meine Hochzeit üben noch heute einen besonderen Zauber auf mich aus, und ich bin voller Vorfreude auf den großen Tag meiner Töchter.

Braut

Alter Turm in Mettlach

Park vor der alten Abtei in Mettlach

Für mich ist eine Hochzeit im klassischen Stil nach wie vor die schönste Art, dieses Fest zu feiern. Die Trauung in einer liebevoll geschmückten Kirche oder Kapelle mit der Symbolhaftigkeit der Zeremonie ist eine unauslöschliche Erinnerung.

Die schönsten Hochzeiten habe ich bei Vollmond erlebt. Wird an einem Vormittag in der ersten Monatshälfte geheiratet, also wenn Mond und Sonne zunehmen, dann stehen laut Tradition Glück und Gesundheit unter einem guten Zeichen.

Von der ersten Hochzeitsfeier von Rebecca und Isaak wird in der Bibel berichtet. Seit dem 4. Jahrhundert hat die Kirche die Ehe als Sakrament aufgenommen. Vor dieser Zeit galt römisches Recht: In Rom fanden Eheschließung vor der Öffentlichkeit statt und die Zeugen des Hochzeitszuges gaben dem Gelöbnis Verbindlichkeit.

Die Kirche war es, die dem Tauschen der Eheringe seinen heutigen Stellenwert als Treuegelöbnis gab. Schon die alten Ägypter und Römer trugen am vierten Finger der linken Hand, der durch die Vena amoris direkt mit dem Herzen verbunden ist, einen Ring.

Bis ins 13. Jahrhundert war es üblich, daß nur die Frau sich mit dem Ring der Liebe schmückte. Im 15. und 16. Jahrhundert trug jeder der beiden Verlobten je einen Teil des Zwillingsrings: Dieser mit kleinen Händen verzierte Ring wurde bei der Trauung zu dem Ehering der Frau zusammengefügt. In die Ringe war folgendes graviert: Pignus amores habes – Du hast meiner Liebe Pfand!

Wesentlich jünger ist die Geschichte des weißen Brautkleides. Bianca Maria Sforza zum Beispiel trug 1493 zur Hochzeit mit Kaiser Maximilian I. ein Kleid in einem kräftigen Karminrot, das heute noch in China als Farbe des Glücks für die Braut gilt.

Im Mittelalter trug man kostbare Seide und schimmernden Samt in leuchtenden Farben. Im Barock heiratete die Königin von Dänemark und Norwegen in einem nachtschwarzen Samtkleid mit Diamantsimili und Spitze. In ländlichen Gebieten trug man bis in dieses Jahrhundert schwarz, da man nur ein Festtagsgewand besaß, das zu diesem Anlaß mehr oder weniger reich geschmückt wurde. Seit dem 17. Jahrhundert kam jedoch das weiße Brautkleid in Mode, das die Reinheit und Jungfräulichkeit der Braut symbolisiert.

Ein Arm voll von Rosen, Kamille und Lysanthus

Bis ins 18. Jahrhundert war die Brautkrone in Erinnerung an die Himmelskönigin Maria ein unentbehrlicher Teil der Ausstattung. Sie war reich verziert mit kleinen silbernen Sonnen, Eicheln und Blüten, Sinnbildern der Fruchtbarkeit. Abgelöst wurde sie von Myrten- und Blumenkränzen oder dem Schleier, der auch in anderen Kulturen eine lange Tradition hat: Er soll die Braut vor neidischen und mißgünstigen Blicken schützen. Im alten Rom trugen die Bräute rote Schleier als Zeichen für Fruchtbarkeit und Sinnlichkeit. Kleine Stücke des Schleiers wurden als Talisman an die Gäste verschenkt.

Brautkranz und Brautstrauß aus Myrte, Rosmarin, Salbei und Thymian galten als Glücksbringer und verliehen Lebenskraft. Sie schützten aber gleichzeitig die Braut vor der Ohnmacht, hervorgerufen durch den übermäßigen Weihrauch während der Zeremonie.

Viele Bräuche sind um die Hochzeit entstanden: Indem der Bräutigam die frischvermählte Ehefrau über die Schwelle trägt, wird sie vor bösen Geistern beschützt; werfen die Gäste Reis und Blütenblätter, wird das Paar mit vielen Kindern gesegnet, oder wird im Brautschuh ein Pfennig versteckt, so geht dem Paar das Geld nie aus.

In England und Amerika trägt man unter dem Brautkleid als Glücksbringer 'something old, something new, something borrowed and something blue‘. Strumpfband, Schmuck oder ähnliches stehen für den neuen und alten Lebensabschnitt, das Geliehene für die Freundschaft und die Farbe blau für die Treue.

Der Polterabend am Vorabend der Hochzeit diente der Tradition nach dazu, die unheilbringenden Dämonen mit viel Lärm und Gelächter zu vertreiben; die Unmengen von zerschlagenem Geschirr sollen Glück bringen.

Hochzeitsgesteck aus Rosen, Spirea, Lysanthus und Schleierkraut

Der Holzkasten mit dem schönen alten Fischbesteck

Die Zahl der Gäste und die Art der Geschenke wurde in der Nürnberger Hochzeitsordnung von 1619 streng reglementiert, um ein Wetteifern unter den Familien und eine damit verbundene immense Verschuldung zu verhindern.

Die Gästeliste sollte möglichst frühzeitig zusammengestellt werden. Eingeladen werden Freunde und Verwandte. Die Einladung zur Hochzeit hat für alle einen großen Stellenwert, deshalb ist es ratsam, bei der Auswahl der Gäste sehr sensibel vorzugehen.

Sechs Monate vor der Hochzeit wird der Termin mit dem Pfarramt abgesprochen. Danach kann die Buchung des Festsaals vorgenommen und die erste Menüabsprache getroffen werden.

Eingeladen wird immer schriftlich spätestens 3 Monate vor dem Hochzeitstermin. Grundlegende Informationen müssen enthalten sein: Ort und Zeit der Trauung, Name der Kirche, welche Kleidung erwünscht ist, Ort und Zeit der Hochzeitsfeier und bis wann um Rückantwort gebeten wird. Es bietet sich an, eine Hotelliste und Anfahrtsskizze für die Gäste beizulegen.

Die Hochzeitstafel unter blauem Himmel

Geschenklisten und Hochzeitstische, beispielsweise in Porzellan- oder Einrichtungsgeschäften, kommen nicht nur immer mehr in Mode, sondern vermeiden auch eine unnötige Ansammlung derselben Gegenstände.

Die Auswahl des Brautkleids, mit dem dazu passenden Haarschmuck und Schuhen, sollte zwei Monate im voraus getroffen werden. Die Farbe weiß ist bei der Hochzeit einzig der Braut vorbehalten, bei der 'kleinen' Hochzeit kurzes weißes Brautkleid mit kurzem Schleier oder weißes Kostüm mit Hut, Schuhe und Handtasche, zur 'großen' Hochzeit bodenlanges weißes Kleid, Schleier, Brautkrone oder Myrtenkranz. Es ist ratsam, die Schuhe vor der Hochzeit einzutragen.

Zur 'kleinen' Hochzeit in der Kirche trägt der Bräutigam Stresemann oder dunklen Anzug, weißes Hemd, silbergraue Kravatte und schwarze Schuhe. Zur 'großen' Hochzeit Cut oder Stresemann mit passenden Accessoires. Frack trägt man nur bei großen Hochzeiten am Abend.

Wird die Hochzeit von Blumenkindern begleitet, ist es schön, wenn diese auf das Brautkleid abgestimmte Kleidchen oder Anzüge tragen.

Mit dem Blumenhändler spricht man vier Wochen vor der Hochzeit die Dekoration für die Kirche und die Festtafel ab. Ein Gespräch mit dem Geistlichen ermöglicht diesem ein näheres Kennenlernen, um in der Predigt persönlich auf Braut und Bräutigam eingehen zu können. Der Organist berät sicher gerne bei der Auswahl der Hochzeitsmusik.

Eine wichtige Aufgabe hat der Photograf, der entweder ein Fachmann oder ein guter, sehr zuverlässiger Freund sein kann. Dieser muß frühzeitig engagiert oder gebeten werden.

Für die Fahrt zur Kirche und zum Festsaal kann man ausgefallene Träume realisieren, beispielsweise mit einer Kutsche oder einem Oldtimer. Eine frühzeitige Reservierung ist ratsam. Die Organisation des Festverlaufs übernehmen oft die Brauteltern, die unter anderem darauf achten, daß Festreden oder andere Beiträge, wie kleine Theaterstücke oder musikalische Einlagen, zeitlich mit dem Menü koordiniert werden. Bei einer Hochzeit gilt am Tisch des Brautpaares folgende traditionelle Sitzordnung: Die Braut sitzt rechts vom Bräutigam, an ihrer Seite folgen der Vater und die Mutter des Bräutigams. Links vom Bräutigam ist die Brautmutter, dann der Brautvater plaziert. Die Paten und die Trauzeugen sowie der Geistliche schließen sich an.

Sitzt das Paar an einer langen Tafel, so sind die beiden Ehrenplätze nicht an der kurzen, sondern an der langen Tischseite, hier können Brautvater und Bräutigammutter vis-à-vis vom Brautpaar sitzen. Für die anderen Gäste beziehungsweise Tische gilt: Je jünger ein Gast und je geringer der Verwandtschaftsgrad, desto weiter weg vom Hochzeitspaar hat er seinen Platz.

Klassisch ist es, den Tanz für das Brautpaar mit einem Wiener Walzer zu eröffnen, der ihm ganz alleine gehört. Dann schließen sich Eltern, Geschwister, Trauzeugen und die übrigen Gäste an.

Die Freundinnen der Braut warten gespannt auf den Moment, in dem die Braut den Brautstrauß wirft. Die Tradition will es, daß die Glückliche, die den Strauß fängt, zur nächsten Hochzeit einlädt. Das gemeinsame Verspeisen des Hochzeitskuchens ist ein Symbol für die friedliche Zusammenkunft einer neuen Gemeinschaft.

Zwei Schleierkrautherzen werden mit den Tischkarten für Braut und Bräutigam als besonders festlicher Schmuck auf ihre beiden Plätze gelegt. Die Symbolik der Herzen und die Zartheit des Schleierkrauts sind eine schöne Dekorationsidee für diesen Anlaß.

Schleierkrautherz

Was wird benötigt?
Kleinblütiges Schleierkraut, Steckdrähte, Myrtendraht, Gartenschere, Schere.

1. Schritt
Das Schleierkraut zupfen und zu kleinen Bündeln zusammenlegen

2. Schritt
Den Steckdraht in der Mitte einknicken und die vorgefertigten Bündel mit Myrtendraht darauf binden. An der Knickstelle in der Mitte beginnen und von dort aus nach außen binden. An beiden Enden des Drahtes jeweils 3 – 5 cm freilassen.

3. Schritt
Aus dem Draht ein Herz biegen und die Drahtenden zusammenbinden.

4. Schritt
Die Verbindungsstelle ebenfalls mit Schleierkrautbündeln bestecken und so die Nahtstelle verdecken.

Rosen, Margeriten, Kamille, Schleierkraut, Lysanthus und Spirea in ihrer Kombination spiegeln den Sommer wider. Inmitten dieser Blütenfülle als Fruchtbarkeitssymbol die grünen Trauben, Äpfel und Melonen.

Eine üppige Sommerblumenwiese und der eigene Garten ermöglichen verschiedene Variationen für die Hochzeitstafel.

Kranz aus Schleierkraut

Was wird benötigt?
Kleinblütiges Schleierkraut, ein Metallring, Blumendraht, Gartenschere.

1. Schritt
Das Schleierkraut zupfen und zu kleinen Bündeln zusammenlegen.

2. Schritt
Die Bündel reihum um den Metallring mit dem Blumendraht festbinden.

Weißes Bone-China-Porzellan, wundervoll geschliffene Kristallgläser und Silberbesteck auf weißem Leinen, dazu die einfache Dekoration aus hellem, frischen Grün, der Farbe der Hoffnung und Weiß, der Farbe der Unschuld, geben der Hochzeitstafel eine elegante Leichtigkeit.

DIE GLÄSER

Ob kunstvoll geschliffenes Bleikristall, in dem sich das Kerzenlicht eines festlichen Tisches bricht, oder schlichte Gläser, die die Aufmerksamkeit auf die Schönheit ihrer Form lenken – die Vielfältigkeit des Glases fasziniert mich immer wieder. Meinen Lieblingsrotwein genieße ich aus einem klaren Glas mit einem bauchigen Kelch, in dem die charakteristische Farbe und das Aroma des Weines am besten zur Geltung kommen.

Die Erfindung des Glases soll laut Legende den Phönikiern – und dem Zufall – zu verdanken sein: Seefahrer entdeckten in der Glut einer Feuerstelle, die sie am Strand aus Sodablöcken errichtet hatten, eine glasige Masse. Erwiesen ist, daß sämtliche Rohstoffe, die zur Herstellung von Glas notwendig sind, in der Heimat der Phönikier im östlichen Mittelmeergebiet zu finden sind: Ein Mineral, das im Quarzsand enthalten ist, Kalkstein, Soda, und Kaliumkarbonat. Um 1500 v. Chr. wurde dort bereits mit der Glasproduktion begonnen.

Mit der Ausbreitung des römischen Reiches im 1. Jahrhundert n. Chr. entstanden zahlreiche neue Glashütten, in denen filigrane, kunstvolle Luxusprodukte, aber auch qualitativ minderwertiges, schmuckloses Glas für den täglichen Gebrauch und das einfache Volk produziert wurde, das durch natürliche Verunreinigungen eine trübe, grünliche oder bräunliche Farbe hatte.

Im 16. Jahrhundert wuchsen Venedig und Murano zu großen Zentren der Glaskunst heran, die mit ihrem durch außergewöhnliche Leichtigkeit und besondere Formen gekennzeichnetes Kristall-, Faden- und Milchglas ganz Europa eroberten. Das böhmische Kristallglas hingegen hatte eine ganz andere Eigenart: Es war so klar und ausgesprochen hart, daß es sich hervorragend für geschliffene Dekors eignete. Die schweren, facettenreichen Gläser waren im 19. Jahrhundert in ganz Europa in Mode.

Verschiedene Glassorten entstehen durch die unterschiedliche Zusammensetzung der Rohmaterialien. So gibt Kali dem Kristallglas seine besondere Härte, durch die es sich gut schleifen und gravieren läßt.

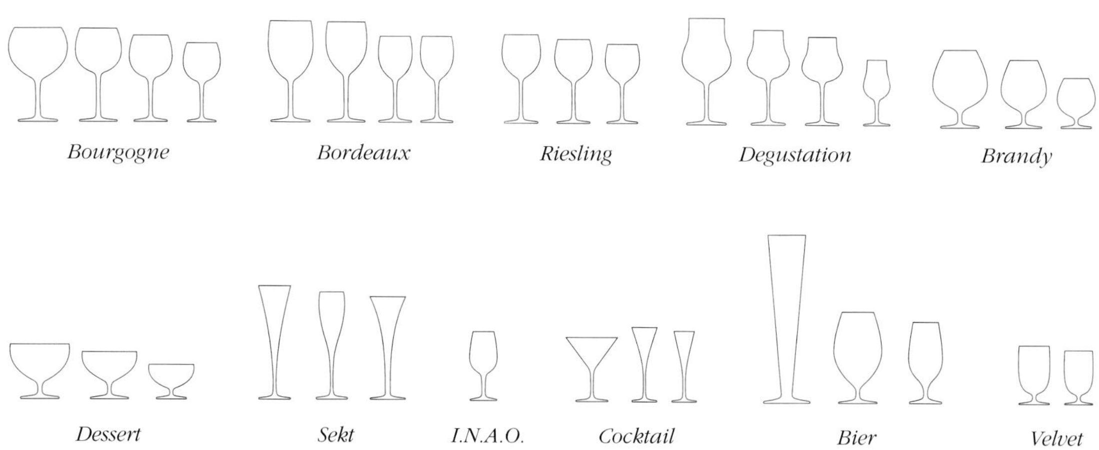

Bleikristall ist weicher und schwerer, es hat ein besonderes Lichtbrechungsvermögen, einen außergewöhnlichen Glanz und wird durch aufwendige Gravur-, Schleif- und Ätztechniken zu kostbaren Gläsern verarbeitet. Durch die Beimischung von Metallen erhalten Gläser eine edle Farbe: Gold wird zu rubinrot, Silber wird honigfarben bis braun, Eisen zu blaugrün und Mangan zu violett oder schwarz.

So vielfältig das Aussehen der Gläser auch ist, so ist ihre Verwendung doch immer an der Form zu erkennen. Weingläser unterscheiden sich in der Länge des Stiels und der Größe und Bauchigkeit des Kelches: Weißweingläser sind niedriger und ihr Kelch ist kleiner und weniger bauchig als der der Rotweingläser. Der Weißwein wird in kleineren Gläsern serviert, weil er getrunken werden sollte, bevor er von der Zimmertemperatur erwärmt wird. Bordeauxwein dagegen kann sein Aroma am besten in einem großen, apfelförmigen Kelch entfalten. Für Weine aus verschiedenen Anbaugebieten, ob Mosel oder Loiretal, gibt es unterschiedliche Gläser, die entsprechend der geschmacklichen Charakteristik entwickelt wurden. Zur Grundausstattung ist jedoch ein Rotwein- und ein Weißweinglas ausreichend. Stielgläser werden übrigens nie am Kelch gehalten, es sei denn, ein Rotwein oder Cognac soll durch die Handwärme temperiert werden.

Als Wasserglas dient ein höheres, dem Weinglas ähnliches Stielglas. Vielseitiger sind hohe, zylinderförmige Trinkgläsern ohne Stiel, worin neben Wasser und anderen alkoholfreien Getränken auch Longdrinks, je nach Glasstärke sogar Bier serviert werden kann.

Gläser für Champagner oder Sekt gehören in jedes Sortiment. Von den bevorzugten Getränken hängt ab, ob spezielle Biertulpen, niedrige Trinkgläser für Whiskey, Sherry- oder Portweingläser sowie kleine Schnapsgläser Verwendung finden.

Die Gläser werden rechts im Gedeck, entweder im Halbkreis, im Block oder in einer Linie plaziert. Es gibt zwei Richtlinien zur Aufstellung: Die Reihenfolge der Benutzung und die Höhe der Gläser. In dem Glas, welches der rechten Hand am nächsten steht, wird der Wein zum ersten Gang serviert. Kleinere Gläser stehen vor den größeren, damit mühelos eingeschenkt werden kann. Ausgerichtet werden alle am Richtglas, wie das größte Stielglas bezeichnet wird, das oberhalb der Spitze des großen Messers für den Hauptgang steht.

Die Blockform, die aus drei zu einem Dreieck angeordneten Gläsern besteht, wird nur gewählt, wenn sehr wenig Platz zur Verfügung steht.

DER KAFFEE

Ich liebe es besonders Freunde zum Tee oder Kaffee zur Blauen Stunde einzuladen. Der Kaffee kam 1640 nach Europa. In den 'Bureaux d'Esprit', den Kaffeeschänken der Matrosen, Kaufleute und Weltreisenden, entwickelte sich eine von Geist und Bildung getragene Geselligkeit. Der Gelehrte Gellert schrieb: „Schulen und Universitäten sind nicht halb so gut als die schlechtesten Kaffeehäuser".

Einladung ins Teehaus zur Blauen Stunde

An den Geschmack des Kaffees konnten die Franzosen sich nur schwerlich gewöhnen, bis Soliman, ein türkischer Gesandter zur Zeit Louis XIV., sich entschloß, in seinem Pariser Salon entgegen den orientalischen Gepflogenheiten Zucker zu seinem Kaffee zu reichen. Daraufhin eroberte das neue Getränk Paris im Sturm, auch wenn Lieselotte von der Pfalz noch 1704 behauptete, 'caffé kompt mir vor wie Ruß, ... summa ich kann in diesem Stück wie in viellen andern garnicht alamode sein'.

In Paris gab es 1716 bereits 300 Kaffeehäuser, deren Besuch zunächst für Frauen als unschicklich galt. Schon bald war es durchaus möglich, jemanden eher in seinem Stammcafé als in seiner Wohnung anzutreffen. Menschen flüchteten aus der Isolation der geistigen Arbeit in diese überfüllten Treffpunkte, an denen sie sich von der Arbeit entspannten und Probleme diskutierten.

Montesquieu sah den 'Vorzug des Kaffeehauses darin, daß man den ganzen Tag und ebenso nachts unter Menschen aus allen Klassen sitzen kann'. In einem dieser als Brutstätten aufständischer Ideen verschrienen Häuser, dem 'Café des Patriotes', wurde 1789 durch Desmoulins die Französische Revolution ausgerufen.

Kaffee, Beeren, Kirschen, Eis und Sahne

Strauß aus Rittersporn, Eisenhut, Hortensien, Scabiose, Agapanthus, Trachelium und Allium

In der Aristokratie war der Kaffee aufgrund seiner Wirkung und seines Geschmackes nicht unumstritten, und es wurde neben der Schokolade vor allen Dingen Tee konsumiert. Meißner Porzellan im chinesischen Stil, Sammlungen fernöstlicher Kunstgegenstände und gemeinsames Teetrinken waren Teil der großen China-Mode – der Chinoiserie. Sich in einem chinesischen Teehaus im Park aufzuhalten, war Ausdruck eines besonders intensiven Naturerlebens. Das Teehaus war architektonisch noch von Barock und Rokoko geprägt, es wurde aber mit chinesischen Dächern, Lackmalereien, Fabeltieren und Vasen ausgestattet.

Im 18. Jahrhundert entwickelte sich langsam die Neigung der Frauen zum Kaffee, vor allen Dingen zum häuslichen Kaffeekränzchen, das von einem in Leipzig erschienenen Lexikon folgendermaßen definiert wird: „eine tägliche oder wöchentliche Zusammenkunft einiger vertrauter Frauenzimmer, welche nach der Reihe herumgehet, worbey sie sich mit Caffee trincken und L'Ombrespiel divertieren und ergötzen".

Die Angewohnheit, zum Kaffee oder Tee nur eine Kleinigkeit zum Essen anzubieten, liegt im beginnenden 19. Jahrhundert begründet: Der durch die Kriege bedingte wirtschaftliche Engpaß zwang die Menschen, Einladungen zu kostspieligen Diners in bescheidene Kaffee- oder Teegesellschaften umzuwandeln, bei denen zu den Getränken lediglich ein wenig Gebäck gereicht wurde. Anfang des 20. Jahrhunderts entwickelte sich der Kaffee vom Getränk der wilden Revolutionäre zum Mittelpunkt einer bürgerlichen Wohlstandsidylle. Die Kaffeekultur Italiens verhilft ihm heute zu einer neuen Blüte, wobei er nicht mehr der Anlaß geselliger Zusammenkünfte ist. Der Espresso ist ein Sinnbild einer schnellebigen Gesellschaft voller Individualisten geworden.

Miteinander zu reden und sich auszutauschen ist um so mehr ein einfacher, aber sehr schöner Anlaß, zum Tee oder Kaffee einzuladen. Die Vorbereitung nimmt wenig Zeit in Anspruch. Die mündliche Einladung erfolgt kurzfristig einige Tage vorher oder aber auch spontan, für denselben Tag.

Eingeladen wird nach Hause, vornehmlich in den Salon oder auf die Terrasse, wo eine weniger formelle Atmosphäre als am Eßtisch herrscht. Der zeitliche Rahmen ist durch die 'Blaue Stunde' zwischen 16 und 17 Uhr vorgegeben, die aus der Lyrik als die Zeit der Entspannung bekannt ist. Teegeschirr, Servietten, Milch und brauner Zucker werden auf einem Tablett zusammengestellt. Teekuchen mit Konfitüre, kleine Törtchen oder englisches Teegebäck sowie Sandwiches lassen sich auf Platten oder Tellern arrangieren. Je nach Jahreszeit können auch Eis und Früchte gereicht werden.

DIE BELEUCHTUNG

Über die Beleuchtung gelingt es, in eine besondere Atmosphäre einzutauchen. Der mit Kerzen beleuchtete Tisch und die Dekoration, die alle Blicke auf sich ziehen, können verzaubern. Der sanfte und weiche Schimmer des Kerzenscheins oder das phantastische Schattenspiel des Kaminfeuers – Licht und Wärme – ziehen die Menschen stets magisch an.

Noch bis ins Spätmittelalter war künstliches Licht von Kerzen oder Fackeln ein absoluter Luxus, die Menschen begannen ihren Tag mit dem ersten Sonnenstrahl und legten sich bei Sonnenuntergang schlafen.

Nur die gehobene Gesellschaft konnte es sich leisten, einen besonderen Anlaß in einem mit Kerzen hell erleuchteten Festsaal zu begehen. Auch auf den Tischen zauberte der Kerzenschein beeindruckende und stimmungsvolle Effekte auf den Tafelschmuck aus Silber, Gold und Kristall.

Über Jahrhunderte gab es neben den qualitativ hochwertigen und teuren Wachskerzen die Unschlitt- und Talglichter, die von der ärmeren Bevölkerung benutzt wurden und die den Raum zwar mit Licht, aber auch mit einem unangenehmen Geruch erfüllten.

Kerzenlicht blieb auch dann noch mit Luxus verbunden, als der materielle Wert der Kerzen eher unwesentlich wurde. Erst seit dem Biedermeier existieren nichttropfende Wachs- und Stearinmischungen.

Antonius Anthus sagte 1838 in Leipzig in seiner Vorlesung über Eßkunst: „Im Dunkeln kann man nicht essen. Kerzenbeleuchtung bei Nacht gibt den Speisen und Getränken ein viel höheres Licht, hebendere Schatten, einen viel lebendigeren Ton als die trockene Prosa des Tageslichts.“

Das weiche und schmeichelhafte Licht der Kerze schafft die schönste Atmosphäre zu verschiedenen Anläßen, es darf allerdings nicht zu dunkel sein. Elektrische Beleuchtung, die mit mehreren Lichtquellen verschiedene Lichtinseln schafft, kann eine harmonische Ergänzung zum Kerzenlicht sein, besonders wenn dieses nicht zum Servieren und Essen ausreicht.

Kerzen lassen sich in einer unendlichen Vielfalt in die Dekoration integrieren: In schlichten oder prächtigen Kandelabern, in Blumenarrangements oder auch in gläsernen Windlichtern, die nicht nur im Freien eingesetzt werden können.

Den Hauseingang mit Laternen zu beleuchten, ist ein schöner Willkommensgruß für die Gäste. Das Licht im Dunkel ist ein besonderer Anziehungspunkt und zeigt als Sinnbild des Lebens, daß hier kein Platz für Böses ist.

DIE SONNENWENDE

Die Vorfreude auf die Mittsommernacht, den längsten Tag des Jahres, gehört für mich zu den schönsten Seiten des Sommers. Da ich diesen magischen Tag nicht unbemerkt vorübergehen lassen will, lade ich meine Freunde zu dieser frühsommerlichen Nacht ein. Bei der Gestaltung des Festes inspirieren mich die Fröhlichkeit und Ausgelassenheit der nordischen Traditionen.

Feste zur Sommersonnenwende sind nicht nur in Skandinavien, sondern in ganz Europa, bis nach Italien und Griechenland, verbreitet. Die Verehrung der Sonne ist ein wichtiger Bestandteil fast aller alter Religionen, wie die der Ägypter, Inder und Indianer. Im 18. Jahrhundert verbot die Kirche den Sonnenkult als heidnischen Aberglauben, doch die Bräuche sind nie in Vergessenheit geraten und wurden schließlich in den christlichen Johannistag integriert.

Die Sonnenwendfeier ist in Norwegen, wo sie am 26. Juni gefeiert wird, neben Weihnachten immer noch das größte Jahresfest. Bei uns ist der längste Tag und die kürzeste Nacht des Jahres, die Sommersonnenwende, am 21. Juni. Sie wird aber am 24. Juni, dem Geburtstag Johannes des Täufers, begangen.

In dieser Nacht feiern die Menschen im Norden ein ausgelassenes Fest. Fiedler spielen in den Scheunen zum Tanz auf und birkengeschmückte Maistangen werden aufgestellt. Auf den Bergen entzünden die Norweger ihre aus dem germanischen Sonnenkult entstandenen Feuer und verbrennen damit nach altem Glauben die Dämonen, die die Ernte des kommenden Sommers bedrohen.

Graugänse auf dem Weg zur Mittsommernachtfeier

Sonnenblumen sind der Inbegriff des Sommers

Mittsommernacht ist für die Nordländer auch ein Blumenfest. Die jungen Frauen binden sich zur Feier der Mittsommernacht Margeriten ins Haar, sammeln am Abend vor der längsten Nacht neun verschiedene Kräuter – Ackerwinde, rötliche Pechnelke, Sauerampfer, Kornblumen, roten Klee, Glockenblumen, Margeriten, violette Skabiosen und Zittergras – auf neun verschiedenen Wiesen und legen sie unter ihre Kopfkissen. Im Traum, so glauben sie, erscheint ihnen dann der Mann, den sie einmal heiraten werden.

Die Sommersonnenwende bietet einen wunderbaren Anlaß, ins Freie einzuladen. Diese Art von Fest muß nicht unbedingt im eigenen Garten stattfinden, man kann es auch an einem Weiher oder einem See feiern.

Für den Fall, daß das Wetter sich nicht an die Prognosen hält, ist es ratsam, gleich eine Ausweichmöglichkeit mit einzuplanen.

Eingeladen wird schriftlich ein bis zwei Wochen im voraus. Die Uhrzeit, der Ort, eventuell mit Wegbeschreibung und ein Hinweis auf eine den Gegebenheiten angepaßte Kleidung gehören in die Einladung.

Lichterkränze treiben auf dem Wasser und erfüllen alle Wünsche

Zur Dekoration eines Sonnenwendfestes eignen sich besonders üppige Sonnenblumen, deren leuchtendes Gelborange sich in der Tischdecke oder dem Geschirr wiederfinden kann. Die Sonnenblume ist das Sinnbild von Leben und Glück, ihre dunkle Mitte erinnert an die Sonnenfinsternis, die Blütenblätter entsprechen dem Strahlenkranz der Sonne. Der Kreis, ob als Feuerrad oder Blütenkranz, steht für die Unendlichkeit, schwimmende Kerzen verbinden zwei Grundelemente des Lebens, Feuer und Wasser. Die Dekoration spiegelt die Freude der Menschen am Sommer, aber auch ihr Bewußtsein dafür, daß das Jahr einen Wendepunkt erreicht hat, wider: Vom Winter zum Sommer, vom Dunkel zum Hellen. Ein mit Lichtern gesäumter Weg – eine Verbindung zwischen den Jahreszeiten – symbolisiert diesen Übergangscharakter.

Traditionelle Gerichte der skandinavischen Mittsommernachtsfeiern sind frische Dillkartoffeln, eingelegte Heringe, gebeizter Lachs mit einer Graved-Lachs-Sauce, frische Salate und Rote Grütze mit Vanillesoße. Alle diese Speisen sind leicht zuzubereiten.

Gebeizter Lachs

Zutaten:
(Für 8 Portionen)
etwa 2 kg frischer, geputzter Lachs, 6 Bund Dill, 2 EL grob gemahlener weißer Pfeffer, 2 EL Salz,1 EL Zucker, Graved-Lachs-Sauce vom Fischhändler.

Zubereitung:
Die Filets abspülen und trocknen. Den Dill zur Hälfte hacken, die andere Hälfte klein zupfen und damit eine Form auslegen. Eine erste Lage Filet darauf legen, mit Pfeffer, Salz, Zucker und gehacktem Dill bestreuen, eine weitere Lage Filet darauf schichten. Den Fisch mit einer Folie abdecken und mit einem Holzbrett beschweren. Der Lachs wird 2 – 3 Tage in den Kühlschrank gestellt, wobei die Filets alle 12 Stunden in der Beize gewendet werden.

Vor dem Servieren die Flüssigkeit abtupfen und in dünne Scheiben schneiden.

IM GARTEN

Der Bauerngarten. Der Duft von Lavendel, Rosmarin und Thymian, die Pracht der Stauden, die Leuchtkraft der Ringelblume, Salat, gelbe Zucchini, Tomaten und Erdbeeren in ihrer vollen Üppigkeit – ein Fest der Sinne. Der alte Apfelbaum und die verwunschene Kletterrose – dies ist mein kleines Paradies für Geist und Seele. Hierher lade ich gerne ungezwungen Freundinnen ein.

In England hat es neben den prächtigen Parkanlagen schon seit dem Mittelalter den häuslichen Cottagegarten gegeben. In ihm wurden Gemüse für den eigenen Bedarf und vor allem Kräuter zur Herstellung von Medizin angepflanzt.

Von berühmten Einladungen in den Garten wird erstmals zur Zeit Louis XIV. berichtet. Renard, der Lakai des Bischofs von Beauvais, der eine rasante Karriere am französischen Königshof durchlief und schließlich in den Rat des Königs gelangte, ließ sich ein aufwendiges Haus bauen, das vor allen Dingen durch seinen aufsehenerregenden Garten von sich reden machte.

In die phantasievoll gestaltete Anlage war ein üppiger Gemüsegarten mit vielfältigen Ziergemüsen sowie Obstbäumen integriert, unter denen er den Hochadel zum Souper lud. Seine Zeitgenossen waren begeistert.

Renards Sohn verwandelte das Haus mit dem Garten in ein Restaurant, das Ausflugsziel der Aristokratie und Schauplatz rauschender Feste und vielfältiger anderer Vergnügungen wurde.

Die Lust auf Land und Natur war bei der Aristokratie dieser Zeit weit verbreitet. Louis XIV. führte die Flucht aus der Enge der Stadt an, als er im Jahre 1660 vor den Toren von Paris in Versailles den wohl eindrucksvollsten Palast seiner Zeit erbauen ließ. Der ganze Hof folgte unweigerlich und legte vor seinen neuerbauten Villen Gärten in den verschiedensten Stilen an. Inmitten dieser grünen Paradiese standen Lustschlößchen, in denen rauschende Feste veranstaltet wurden. Die letzte Königin Frankreichs, Marie Antoinette, trieb diese Faszination für das bäuerliche Landleben auf die Spitze: Sie lud Grafen, Herzöge und Kardinäle in die Gärten von Trianon ein, um mit ihnen, als Schafhirten verkleidet und mit rot gepuderten Bäckchen, Landleben zu spielen.

Die Französische Revolution änderte mit einem Schlag nicht nur die Gesellschaftsordnung, sondern auch die verklärte Auffassung vom Landleben, die in den Gärten und Parks der Aristokratie kultiviert worden war. Die Lustschlößchen wurden in Tivolis für das einfache Volk verwandelt.

Besondere Freude bereitet es, den Tisch zu den Blumen zu bringen. Je nach Wetter können eine oder mehrere Freundinnen in den Garten, beispielsweise zum gemeinsamen Bepflanzen von Blumenkästen, eingeladen werden. Kurzfristig wird telefonisch vereinbart und besprochen, ob eigene Setzlinge ausgetauscht oder im Fachhandel noch Pflanzen besorgt werden. Blumenkästen oder andere, ausgefallene Pflanzgefäße und Gartenzubehör werden bereitgestellt. Bei einer Tasse Tee und einem Stück Obstkuchen bewundern die Gärtnerinnen ihr vollbrachtes Werk und genießen den sommerlichen Nachmittag im Garten.

Einjährige Sommerblumen sollten erst nach dem letzten Frost gepflanzt werden. Nach einer alten Bauernregel können die 'Eisheiligen' und die 'Kalte Sophie' zwischen dem 12. und 15. Mai den letzten Kälteeinbruch bringen.

Blumenkästen

Was wird benötigt?

Kästen oder Kübel, einjährige Blumenpflanzen, eine spezielle Blumenerde für diese Pflanzen, Tonscherben, Pflanzkelle.

1. Schritt

Den Boden des Pflanzgefäßes mit den Scherben bedecken, die als Drainageschicht dienen. Die Kästen sollten übrigens mit einem Wasserabzug versehen sein.

2. Schritt

Die Kästen bis zur Hälfte mit Erde auffüllen.

3. Schritt

Die Blumen mit dem Ballen vorsichtig aus den Töpfen nehmen und so in den Kästen anordnen, daß sie in ausgewachsener Größe noch genügend Platz haben. Die Zwischenräume mit Erde auffüllen.

4. Schritt

Die Erde gut andrücken. Am Kastenrand einen Gießrand eindrücken. Sofort reichlich gießen.

Das Bepflanzen der Blumenkästen und Blumenbeete unter freiem Himmel, mit duftenden Blüten in allen Farben, inspirieren immer wieder aufs neue die Leidenschaft für den Garten.

Was kann natürlicher sein, als Köstlichkeiten aus dem Garten im Garten zu genießen?

Tarte aux pommes

Zutaten:
1 Packung tiefgefrorener Blätterteig, Butter für die Form, 4 – 5 säuerliche Äpfel, Rosinen, Aprikosen- oder Apfelgelee.

Zubereitung:
Blätterteig auftauen lassen, ausrollen, die gefettete Form damit auslegen. Mit einer Gabel mehrmals einstechen.

Die geschälten Äpfel vierteln, das Kerngehäuse entnehmen, in Scheiben schneiden. Die Apfelstücke kreisförmig auf den Teig verteilen. Nach Belieben Rosinen auf die Äpfel geben.

Den Kuchen bei 180° C im Elektroherd 20 Minuten backen, aus dem Ofen nehmen, dünn mit dem Apfel- oder Aprikosengelee überziehen, weitere 10 Minuten goldgelb backen.

Glückliche Aberdeen Angus auf der Weide vor dem Bauerngarten

DIE TISCHWÄSCHE

Der Tisch ist wie eine Bühne – seine Gestaltung gibt viel Freiraum für die Phantasie. Porzellan, Kristall, Besteck, Blumen, aber vor allen Dingen die Tischdecke und die Servietten geben dem Tisch viele verschiedene Gesichter. Zu besonders festlichen Anlässen ist der elegante, weiße Damast immer wieder mein absoluter Favorit. Aber auch mit farbigen Decken und Servietten experimentiere ich gerne.

Isabelle

Die Geschichte der Tischwäsche beginnt bereits im Mittelalter, wo ihre hauptsächliche Funktion darin bestand, die aus rohen Brettern aufgebauten Tische zu verdecken. Als noch mit den Fingern gegessen wurde, wusch man sich diese nach jedem Gang in einem Becken und trocknete sie anschließend am Tischtuch ab. Die Tücher waren so groß, daß sie bis zum Boden reichten und zum Schutz der Kleidung über die Knie gelegt werden konnten.

Tischtücher waren schon bald als schlichtes Gebrauchsstück und repräsentatives Festgedeck in fast allen sozialen Schichten verbreitet, sie waren aus Damast und wurden gestärkt und gepreßt, bis sie in scharfen Kanten fielen. Seit dem 16. Jahrhundert wurden sie mit eingewebten Wappen, Emblemen und Jagdmotiven verziert.

Die Deutschen und Engländer waren allerdings so stolz auf ihre massiven Holztische und ihr poliertes Mahagonie, daß sie das Tuch wegließen und das Holz lediglich durch Sets aus Stoff oder Leder schützten. Der Tisch ohne Tischtuch ging als Essen à l'allemand in die Literatur ein.

Die Mundtücher kamen Ende des 15. Jahrhunderts auf, sie waren teilweise parfümiert und vorgewärmt und wurden über die Schulter oder den linken Arm gelegt. Sie waren sehr groß und wurden, was heute zu vermeiden ist, in den Kragen gesteckt.

Das Wort Serviette hat seinen Ursprung von einer anderen Verwendung: Im 15. Jahrhundert wurden die Schüsseln mit den Speisen zum Servieren mit Tüchern – 'Servietten' – zusammengebunden.

Im 19. und 20. Jahrhundert vereinen sich die Traditionen der kostbaren Tische, Tücher, Servietten und Sets: Die Tischplatte wird zum Schutz mit Molton abgedeckt, der außerdem ein Verrutschen der Tischdecke verhindert und ihr ein satteres Aussehen gibt.

Tischwäsche gibt es in verschiedenen Stoffarten: Damast ist ein Seiden-, Leinen- oder Baumwollgewebe, welches heute farbig erhältlich, traditionell aber weiß oder pastellfarben ist. Satin wird für Tischwäsche aus Baumwolle gefertigt, Batist ist ein leicht durchscheinendes Baumwoll- oder Leinwandgewebe. Letzteres wird erst seit neuestem bunt oder uni als Tischwäsche verarbeitet. Als Leinwandbindung werden Gewebe aus Leinen, Halbleinen, Synthetik und Baumwolle bezeichnet.

Die Farbe des Tischtuches dominiert das Aussehen des Tisches, einfarbiges Tuch kann am einfachsten mit verschiedenen Dekorationen abgestimmt werden. Gehören neutrale Farben wie weiß oder creme zur Grundausstattung, können bestimmte Farben oder Muster, je nach Geschmack und Einrichtung, diese ergänzen. Dunkles Rot oder Grün passen gut zur Herbst- oder Winterzeit und können sowohl rustikal als auch festlich dekoriert werden. Kariertes oder gestreiftes Tuch kann mit einem farblich abgestimmten Service eine leichte, fröhliche Tafel zaubern.

Tischtücher sollten immer so groß sein, daß sie an den Seiten 20 – 25 cm überhängen. Besonders festlich ist der 'table habillée', der Tisch, der mit einem Tuch, welches bis zum Boden reicht, wie angezogen aussieht. Darüber kann eine Mitteldecke gelegt werden.

Servietten, die eine vielfältige Ergänzung zum Tischtuch sind, bringen neben Abwechslung auch einen gewissen Stil. Sie können, gerollt oder schlicht gefaltet, mit klassischen Serviettenringen versehen werden oder mit Bändern oder Blumen geschmückt die thematische Fortsetzung der Dekoration sein. Die hier aufgeführten Falttechniken sind nur eine kleine Auswahl aus vielen verschiedenen Möglichkeiten, die sich bieten:

Mitra

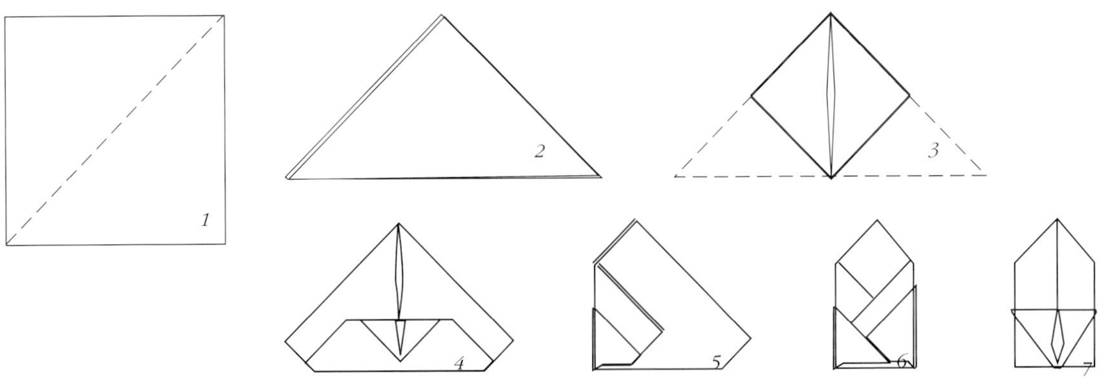

Astroria

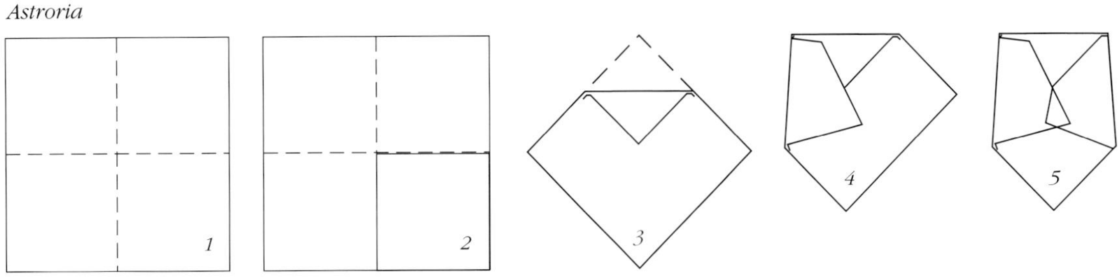

DAS PICKNICK

An einem besonders schönen Sommertag kommt mir die Idee meist von einem Moment auf den anderen, zu einem Picknick aufzubrechen. Die Spontaneität liegt in der Natur des Picknicks, und genau das ist es, was mir daran besonders gut gefällt. Es zieht mich dann zu meinem Lieblingsplatz, auf eine Waldwiese an einem kleinen Bach, wo wir unsere Decken und unser Picknick ausbreiten.

Ein Tag mit Familie, Freunden und Kindern unter blauem Himmel, zwischen Gräsern und Blumen, auf einer Picknickdecke die mitgebrachten Köstlichkeit ausgebreitet: Das bedeutet Freude an der Natur und unkomplizierte Gastlichkeit.

Auf zur Saarschleife!

Über den Ursprung des Wortes Picknick oder Pique-Nique sind die Sprachwissenschaftler sich nicht einig. Da die Bedeutung der einzelnen Wörter keinen Aufschluß gibt, ist die plausibelste Deutung folgende: Die beiden Wörter erinnern an einen Abzählreim aus dem Französischen des 17. Jahrhunderts 'pique nique douille'. Der Klang vermittelt den spielerischen Aspekt, der die lockere, ungezwungene Atmosphäre eines Picknicks widerspiegelt.

In einer britischen Enzyklopädie aus dem Jahre 1885 wird darauf hingewiesen, daß das Picknick als Mahlzeit, die dem Vergnügen dient und zu der jeder seinen Anteil in Geld oder Naturalien beisteuert, seit 1694 bekannt ist.

Ab Mitte des 17. Jahrhunderts wurde das Picknick im Park des Palais de Luxembourg zu einem ungezwungenen Zusammentreffen von Bürgerlichen, Gelehrten und Adel.

Die englischen Könige James I. und Charles I. übernahmen diese Mode und machten ihre Schloßparks der Allgemeinheit zugänglich. Die Begeisterung, im Freien zu tafeln, wurde mit den Untertanen geteilt und später entstanden daraus die Lustgärten.

In einem Anstandsbuch von 1895 werden wohlerzogene Mädchen vor der leichtfertigen Ungezwungenheit einer Landpartie gewarnt, die allzu leicht zu Unschicklichkeiten führen kann.

Der englische Picknickkoffer

Eines der schönsten und zu seiner Zeit umstrittensten Bilder des Impressionisten Manet ist dem Picknick gewidmet: Viele seiner Zeitgenossen waren schockiert über die Darstellung eines unbekleideten Mädchens, das in einem Park zwischen zwei korrekt gekleideten Dandys sitzt.

Pasqueta nennen die Italiener ihr Osterpicknick, zu dem sie am Ostermontag ihre Nachbarn in den Garten oder zu einem gemeinsamen Ausflug aufs Land einladen. Alle bringen das, was vom österlichen Menü übrig geblieben ist, mit: Pizzabrot, kalte Pasta, Schinken aus der Toskana, eingelegte Antipasti und jede Menge Schokoladeneier. Was dabei natürlich nicht fehlen darf, ist der köstliche italienische Rotwein.

Ein ganz besonderes Picknick findet in Venedig statt. An einem Tag im Juli bleiben die Canale für Motorboote gesperrt. An diesem Abend gehören die Kanäle den Venezianern. Die befreundeten venezianischen Familien binden ihre festlich mit Blumen und Lampions geschmückten Boote aneinander. Die mitgebrachten Köstlichkeiten werden miteinander geteilt, und gemeinsam genießt man den krönenden Abschluß des Abends – das Feuerwerk.

Es gibt wahrscheinlich nur ein Picknick, bei dem lässige Kleidung verpönt ist: Beim berühmten Opernfestival in Glyndebourne in Sussex, England, das alljährlich im Mai stattfindet. Die Opernliebhaber halten während der Pause unter freiem Himmel, umgeben von Kühen und Schafen, ihr Picknick ab.

Dies zeigt, daß das gemeinsame Essen im Freien für alle einen gewissen Reiz hat: Egal, ob es sich nun um den erlesenen Imbiß mit Champagner, um eine deftige Mahlzeit nach der Jagd oder der Heuernte handelt.

Zu einem Picknick können Freunde eingeladen werden. Bei schönem Wetter wird kurzfristig telefonisch eingeladen. Als Treffpunkt wird ein idyllischer Platz verabredet, oder das Picknick wird mit einem Ausflug verbunden, und man bleibt dort, wo es am schönsten ist.

Zur Picknick-Ausstattung gehört zuallererst der Korb, der bestückt ist mit Tellern, Gläsern, Besteck, Korkenzieher, 2 – 3 Geschirrtüchern, Salz und Pfeffer. Servietten werden nach Anzahl der Personen dazu gelegt. Wird der Ausflug in den Abend ausgedehnt, können ein paar hübsche leere Marmeladengläser mit Teelichtern in Windlichter umfunktioniert werden.

Tesi freut sich auf das Picknick

Auf jeden Fall sollte eine schöne Flasche Rotwein in den Korb. An sonstigen Getränken, die am besten in einer Kühlbox transportiert oder in einem kühlen Gewässer aufbewahrt werden, eignen sich Bier, Wasser, Eistee und Fruchtsäfte.

Zum Essen bieten sich besonders Baguette, Parmesan und andere Käsesorten, Schinken, Paté, Tomaten, Oliven, hartgekochte Eier, gebratene Hähnchenschenkel, Frikadellen, Sandwiches, Obst und Kuchen an.

Ist am Vortag noch Zeit für Vorbereitungen, können auch etwas ausgefallenere Köstlichkeiten mitgenommen werden:

Eingelegte Kirschtomaten mit Mozzarella und Basilikum

Zutaten:
30 – 40 Kirschtomaten
3 Packungen Minimozzarella
1 Bund frischer Basilikum
250 ml Weißweinessig
3 EL Balsamico
4 EL Honig
einige Pfefferkörner, Salz

Zubereitung:
Weißweinessig mit dem Honig, 6 EL Wasser und den Gewürzen kurz aufkochen, erkalten lassen, dann den Balsamico unterrühren. Die Mozzarellakugeln mit kaltem Wasser abspülen. Die gewaschenen Tomaten rundum mehrmals einstechen. Die Basilikumblätter vom Stiel zupfen.
Tomaten, Mozzarella und Basilikum in ein schönes, verschließbares Glas schichten, den Essig darübergeben, so daß alle Zutaten bedeckt sind. Über Nacht im Kühlschrank stehen lassen.

Gazpacho

Zutaten:
(für 4 Personen)
1 Knoblauchzehe
1 Zwiebel
5 Tomaten
200g Gurke
2 – 3 EL Olivenöl
2 El Essig
1/2 TL Salz
1/4 TL gemahlener Pfeffer
1/4 TL Paprika
1 1/2 EL Essig
1/4 l kaltes Wasser, Eiswürfel
4 Scheiben Weißbrot

Zubereitung:
Die Tomaten und die Zwiebeln in dünne Scheiben schneiden. Die gepreßte Knoblauchzehe mit dem Öl glattrühren, Essig, Wasser, Tomaten, Zwiebeln und die Gewürze dazugeben, mit dem Mixer pürieren, dann alles 30 Minuten ruhen lassen. Kurz vor dem Servieren die Gurke klein würfeln, diese mit den Brotscheiben und den Eiswürfeln in die Suppe geben. Der Gazpacho ist eine erfrischende Suppe für den Sommer, denn er wird kalt gegessen. Er sollte in einer Kühlbox transportiert werden. In Spanien wird Gazpacho mit Wasser verdünnt und mit Eiswürfeln serviert.

Kastenkuchen mit Räucherspeck

Zutaten:
(Für 6 – 8 Personen)
250 g Mehl, 250 g Räucherspeck, in Streifen geschnitten, 150 g grüne Oliven ohne Kern, 100 g geschälte Pistazien, 150 g geriebener Gruyère, 4 Eier, 200 ml Olivenöl, 100 ml trockener Weißwein, 1 Päckchen Trockenhefe, Salz, Pfeffer.

Zubereitung:
Die Speckstreifen in wenig Öl goldbraun anbraten, abtropfen lassen, beiseite stellen. Mehl, Hefe, Eier und Olivenöl mit dem Mixer verrühren, den Weißwein dazugeben und alles verquirlen. Mit einem Holzlöffel die Speckstreifen unterheben, ebenso die Oliven, die Pistazien und den Gruyère. Reichlich pfeffern, vorsichtig salzen (wegen dem Speck).

Die Masse in eine gut gefettete Kastenform geben. Im Ofen (E 200°) 75 Minuten backen. Den heißen Kuchen aus der Form nehmen, lauwarm oder kalt in Scheiben servieren.

Blaubeerkuchen

Zutaten:
250 g Mehl, ½ Päckchen Trockenhefe, 30 g Zucker, 1 Päckchen Vanillezucker, Salz, 125 ml Milch, 30 g Butter, etwas Aprikosenkonfitüre, frische Blaubeeren.

Zubereitung:
Die Milch leicht erwärmen, die Butter darin schmelzen. Mehl, Hefe, Zucker, Vanillezucker und eine Prise Salz in einer Rührschüssel mischen. Die Milch mit der Butter dazugeben, mit dem Handrührgerät die Zutaten einige Minuten durchkneten, bis der Teig glatt ist.

Den Teig mit einem Tuch abdecken und an einem warmen Ort gehen lassen, bis er etwa doppelt so hoch ist. Die Blaubeeren waschen und gründlich abtropfen lassen. Die Kuchenform einfetten. Den Teig mit etwas Mehl von Hand noch einmal durchkneten und ausrollen. In die Form legen und nochmals etwa 10 Minuten gehen lassen.

Die Blaubeeren auf dem Teig verteilen, dabei einen Rand lassen. Den Kuchen im vorgeheizten Backofen 25 Minuten (E 220°) backen. Nach der Hälfte der Backzeit die Beeren mit Aprikosenkonfitüre bestreichen.

Lithographie: M&R Innovative Kommunikation GmbH

Satz: Walinsky Grafik-Design

Druck: Bliesdruckerei Peter Jung GmbH

Dieses Buch ist gedruckt auf Nopacoat-Prestige, 170 g, mattgestrichen holzfrei von der Papier Union, hergestellt von der Nordland Papier AG Dörpen.